Katharina Maehrlein

Die Bambusstrategie

Den täglichen Druck
mit Resilienz meistern

Bibliografische Information der Deutschen Nationalbibliothek

Die Deutsche Nationalbibliothek verzeichnet diese Publikation
in der Deutschen Nationalbibliografie; detaillierte bibliografische
Daten sind im Internet über http://dnb.d-nb.de abrufbar.

ISBN 978-3-86936-441-4

Lektorat: Anja Hilgarth, Herzogenaurach
Umschlaggestaltung: Martin Zech, Bremen | www.martinzech.de
Illustrationen: Susanne Bauermann | www.susanne-bauermann.de
Satz und Layout: Lohse Design, Heppenheim | www.lohse-design.de
Druck und Bindung: Salzland Druck, Staßfurt

© 2012 GABAL Verlag GmbH, Offenbach
Alle Rechte vorbehalten. Vervielfältigung, auch auszugsweise,
nur mit schriftlicher Genehmigung des Verlages.

www.gabal-verlag.de
www.facebook.com/Gabalbuecher
www.twitter.com/gabalbuecher

Inhalt

Prolog 9

**Widerstandsfähigkeit entsteht
im Trotzdem** 13

Resilienz – unser Überlebensprogramm 13

Aktvieren Sie Ihre innere Kraft 16

Ein Sturm zieht auf 20

Handlungsbedarf erkennen 20

Selbstcheck: Wie stark ist der Bamboo in Ihnen? 24

Allen Stürmen standhalten 37

Souveräner Umgang mit der Krise 38

Merkmale des Bamboo-Strategen 39

Bamboo gibt uns tiefe Wurzeln 44

1. Wurzel: Akzeptanz – die Dinge annehmen, wie sie sind 44

   Die vier Phasen einer Veränderung 46
   Übung: Gedanken-Check 50

2. Wurzel: Verbundenheit – in gutem Kontakt mit sich, anderen und der Welt 52

   Übung: Netzwerk-Check 58
   Übung: Beziehungskonto 60

3. Wurzel: Positive innere Einstellung – das Gute wahrnehmen 64

   Übung: Die drei guten Dinge des Tages 78
   Übung: Weckerexperiment 79

Bamboo stärkt unseren flexiblen Stamm 81

1. Ich-Stärker: Selbstbewusstsein – sich seiner selbst bewusst sein 81

   Übung: Die A-N-A-A-Formel 83
   Übung: Die Potenzial-Pyramide 85

2. Ich-Stärker: Einem Leitstern folgen – sich auf eine Vision ausrichten 88

   Übung: Ihr 80. Geburtstag 96
   Übung: Zielprogramm installieren 97

3. Ich-Stärker: Selbstliebe – es sich selbst wert sein 99

   Selbstwert-Check: Wie ausgeprägt ist Ihre Selbstliebe? 102
   8 Tipps für mehr Selbstliebe 103

4. Ich-Stärker: Selbstsicherheit – sich selbst vertrauen 106

Selbstcheck: Wie steht es um Ihre Selbstsicherheit? 107
4 Tipps für mehr Selbstsicherheit 108

Bamboo nährt uns durch immergrüne Blätter 112

1. Energiespender: Handlungsspielräume nutzen –
   sich auf das Machbare konzentrieren 112

   Übung: Handlungsspielräume erkennen
   und ausdehnen 116
   Übung: Berg in Schotter zerlegen 116

2. Energiespender: Vitalität erhalten –
   sich rüsten für den nächsten Sturm 119

   Übung: Die zwei Seiten einer Medaille 129
   Übung: Den Geist durch Fragen lenken 130

3. Energiespender: Durchsetzungsfähigkeit trainieren –
   sich souverän behaupten 132

   Statusspiele: Das Gerangel um den Rang 133
   11 Tipps für durchsetzungsstarkes Verhandeln 143

4. Energiespender: Arbeitsumfeld gestalten –
   das persönliche Wohlfühl-Biotop designen 153

   Übung: Aufgaben-Check 159
   Übung: Kräftefeld-Analyse 162

Den Bamboo in Ihren Mitarbeitern wecken und stärken 165

WARUM Sie den Bamboo Ihrer Mitarbeiter stärken müssen 166

WIE Sie den Bamboo Ihrer Mitarbeiter stärken können 167

Notfallkit für große Turbulenzen 178

Achtsamkeit üben – der sicherste Weg zu Ihrem Bamboo 179

Achtsamkeitsübungen:
Achtsamkeit lässt sich erlernen 181
Basis-Übung 1: Gedanken bündeln 181
Basis-Übung 2: Innere Klarheit 182
Basis-Übung 3: Reizdiät 183
Alltags-Übung 1: Beim Gehen 184
Alltags-Übung 2: Im Auto 184
Alltags-Übung 3: Beim Duschen 185
Alltags-Übung 4: Im Job 185
Ihre Weg zu mehr Bamboo 187

Die zehn besten und schnellsten Bamboo-Aktivierer 192

Epilog 197

Weiter wachsen mit der Bambusstrategie? 200

Literatur 201

Die Autorin 206

Prolog

„Du kannst die Wellen nicht stoppen,
aber du kannst lernen, sie zu reiten."
KARIN KRUDUP

Sie ist 22 Jahre alt, als ihre Mutter beschließt, sich das Leben zu nehmen. Sie hat zwei kleine Kinder und keinen Schulabschluss. Sie hat im Internat, im Erziehungsheim und schon mit 16 Jahren in einer eigenen Wohnung gelebt. Denn Zuhause, das war ihre unbeherrschte schizophrene Mutter, das waren lautstarke Streitereien zwischen ihren Eltern. Jetzt ist sie selbst mit einem arbeitslosen Alkoholiker verheiratet. Ihre Hoffnungen auf Unterstützung und eine liebevollere Beziehung haben sich damit nicht erfüllt.

Die Nachricht vom Tod ihrer Mutter lässt ihre Welt zu einem endlos langen Tunnel werden, an dessen Ende sie kein Licht sieht. Sie spielt immer wieder mit dem Gedanken, es ihrer Mutter gleichzutun.

Die junge Frau lebt wie zwischen zwei Sandwichhälften. Die eine Hälfte besteht aus Eltern und Ehemann, die andere Hälfte sind ihre Kinder. Beide Seiten wirken auf sie ein, stellen Anforderungen, haben Erwartungen. Druck von oben, Hilferufe von unten. Und sie selbst irgendwie dazwischen.

Es ist das Jahr 1987. Und sie hat nur zwei Möglichkeiten: aufgeben oder etwas tun. Ihr ist völlig klar: Niemand wird kommen, um ihr die Belastung zu nehmen. Klagen, Resignieren oder die Flucht in Drogen helfen auch nicht weiter. Helfen kann sie nur sich selbst.

Die junge Frau besinnt sich auf ihre innere Stärke und trifft die Entscheidung, weiter für eine Zukunft nach ihren Vorstellungen zu kämpfen. Also macht sie sich auf den Weg zurück zum Licht. Dabei lässt sie einige Menschen hinter sich, die unter ähnlichen Belastungen zerbrechen: Eine Freundin springt mit 17 Jahren vom Hochhaus, ein Freund stirbt mit 22 Jahren an einer Überdosis Heroin, viele ehemalige Weggenossen sind noch am Leben, aber nie wirklich auf die Füße gekommen.

Sie schöpft aus einer Quelle, die sie nur in sich selbst finden kann: Sie hat ihren Bamboo entdeckt und lebt die Bambusstrategie. Doch zu diesem Zeitpunkt weiß sie das noch nicht.

Bamboo – so nenne ich die Kraft, jeden Tag mit seinen vielfältigen Aufgaben zu meistern, mit Druck, Konflikten, Misserfolgen und Niederlagen fertig zu werden und gestärkt aus Krisen hervorzugehen. Jeder hat sie in sich! Bei manchen ist sie kleiner, bei anderen größer.

Die gute Nachricht lautet: Bamboo ist leicht trainierbar – und das ist nicht nur im Privatleben nützlich. Auch und gerade im beruflichen Umfeld hilft uns Bamboo, wenn wir zum Beispiel zwischen Vorgesetzten auf der einen und Mitarbeitern auf der anderen Seite stehen, zwischen Schulbehörde und Schülern, zwischen Klinikleitung und Patienten, ... Er stärkt uns für hohes Arbeitsaufkommen, Druck von allen Seiten oder sogar Krisen. Er hilft, Ziele zu erreichen und die Erfüllung im Berufsleben (wieder) zu finden. Härteproben lauern überall. Vor allem dann, wenn der Druck gleich von mehreren Seiten auf Menschen einwirkt. Gerade dann ist die Gefahr groß, dass Sie sich selbst aufreiben. Wenn innere Stärke und Durchsetzungskraft fehlen, wenn Sie das Machbare nicht mehr erkennen, entsteht leicht das Gefühl, machtlos zu sein, keinen Einfluss nehmen zu können. Der Blick für den Handlungsspielraum geht verloren. Dann ist der Bamboo in Ihnen ins Koma gefallen und Sie haben Gedanken wie: „Ich kann doch sowieso nichts bewirken. Jemand anderes hat hier das Sagen", „Mein Engagement ist sinnlos, es wird sowieso nicht honoriert". Alles scheint irgendwann aussichtslos und sinnlos. Der Weg zur inneren Kündigung oder totalen Resignation ist geebnet und führt weg von der inneren Stärke, die in diesen Situationen besonders gebraucht wird.

Die Bambuspflanze ist hier Vorbild. Ob eine lange Trockenzeit oder schwerer Schnee sie belasten, ob der Wind sie beugt oder sie Hindernisse beim Wachsen überwinden muss: Der Bambus überlebt, weil er alle seine eigenen Kräfte immer wieder gezielt mobilisiert. Und er schafft es auch noch, das ganze Jahr über kraftvolle, grüne Blätter zu entwickeln.

So wie Sie. Sie schaffen das auch! Denn Sie haben wie wir alle einen Bamboo in sich: Ihre innere Widerstandskraft, Ihre Fähigkeit zur Resilienz.

Wenn Sie trotz Druck von allen Seiten Erfolg haben wollen, sollten Sie wie der Bambus im Sturm sein: Biegen statt brechen, Belastungen mit Stärke begegnen und auch noch daran wachsen. Wie der Bambus, der sich nach jedem starken Wind wieder zu voller Größe aufrichtet und weiter wächst.

In diesem Buch finden Sie Tests zur Selbsteinschätzung, Checklisten, Übungen und pragmatische Tipps für Ihren Weg, in Ihrem Inneren so stark und unabhängig zu sein wie ein Bambus und sich in den Stürmen des Arbeits- und Privatlebens gelassen biegen zu können, aber nicht zerbrechen zu müssen. Sie lernen die neuesten Ergebnisse aus der Resilienz- und Glücksforschung kennen und werden sehen, wie sich die Bambusstrategie auf Erkenntnisse der positiven Psychologie stützt.

Lernen Sie mit diesem Buch, wie Sie mehr Mut, Kraft und Stehvermögen entwickeln, um die herausfordernden Situationen im Job standfest zu meistern. Finden Sie Ihren Bamboo und die Stärke, die er Ihnen verleiht, in sich selbst. Bauen Sie ihn auf, um sicher und gelassen agieren zu können. Sie werden danach kraftvoller, widerstandsfähiger, lebensfroher sein.

Die Bambusstrategie hat der jungen Frau im wahrsten Sinne das Leben gerettet. Als sie ihrem Bamboo begegnete, legte sie richtig los. Sie holte erst ihren Schulabschluss nach, machte dann Abitur und startete den zweiten Bildungsweg. Sie trennte sich von ihrem Mann, machte eine Ausbildung zur Ergotherapeutin, arbeitete in ihrem Ausbildungsberuf, studierte danach Psychologie, Soziologie und Publizistik. Schließlich machte sie sich als Kommunikationstrainerin und Coach selbstständig. In den letzten 15 Jahren hat sie über 10.000 Menschen trainiert und gecoacht.

Diese junge Frau – das war ich. Ich freue mich darauf, Sie mit Ihrem Bamboo bekannt zu machen und Sie auf Ihrem Weg zu mehr innerer Stärke, seelischer Widerstandskraft und Zufriedenheit zu begleiten. Denn Bamboo ist Ihre Energiequelle, die Ihre seelische Widerstandskraft speist und damit Ihre Leistungslust und Lebenskraft am Leben erhält.

Wiesbaden, August 2012

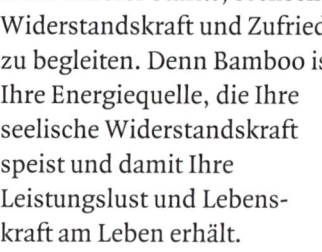

Widerstandsfähigkeit entsteht im Trotzdem

„Wenn die Wellen über mir zusammenschlagen,
tauche ich tiefer, um nach Perlen zu suchen."

MASCHA KALEKO

Resilienz – unser Überlebensprogramm

Professor G. ist im Sommer 2010 seit rund 20 Jahren ärztlicher Direktor in einer psychiatrischen Klinik, die noch nicht lange Konzern ist. Der neue Geschäftsführer ist BWLer, die Anforderungen an die ärztlichen Führungskräfte haben sich von Aufgaben eines Arztes immer mehr zu denen eines Managers geändert. Professor G. versteht die Welt nicht mehr. Er ist doch Arzt geworden, um mit Patienten zu arbeiten, und nicht, um Manager zu sein. Schon das Wort „Manager" bringt ihn in Rage.

Fallbeispiel

In den letzten beiden Jahren wurde er gleich zweimal von seinen Mitarbeitern in der jährlichen Befragung schlecht bewertet. Ich werde als erfahrener Coach aus der Wirtschaft eingekauft, um ihn dabei zu unterstützen, eine bessere Führungskraft zu werden. Er soll in Zukunft wie ein Manager aus einem Wirtschaftsunternehmen agieren.

Im Verlauf des Coachingprozesses macht er gewaltige Schritte. So versteht er beispielsweise mit einem Mal, dass Führung Klarheit und Bestimmtheit braucht, um den Mitarbeitern Sicherheit und Orientierung zu bieten. Aber der Geschäftsführung genügt das nicht. Es geht nicht schnell genug und bald wird klar: Professor G. soll gehen.

Nach seiner jahrzehntelangen Betriebszugehörigkeit ist es nicht ganz einfach, Professor G. zu kündigen. Hinter den Kulissen finden Beratungen mit den Konzernanwälten statt, und ich weiß schon vor dem Professor, was die Stunde geschlagen hat.

Er selbst aber will es nicht wahrhaben. „Da müsste ich schon goldene Löffel gestohlen haben. Ich habe mir nichts zuschulden kommen lassen. Mir kann niemand etwas." Nach Beendigung der vereinbarten Coachingsitzungen bekommt er die Einladung zu einem Gespräch mit der Geschäftsführung. Ein scheinbar ganz gewöhnliches, turnusgemäßes Mitarbeitergespräch. Einige wenige Tage vor dem Termin dann per Mail die Aufforderung: „Bringen Sie einen Anwalt mit."

Nach dem Gespräch schreibt er einen Brief an mich: „Man setzt alles daran, mich zu ‚entsorgen', und bietet mir die Aufhebung meines Arbeitsvertrags in beiderseitigem Einvernehmen und eine Abfindung an, was ich natürlich abgelehnt habe. Daraufhin hat man mich vom Dienst freigestellt und versucht nun, in der nächsten Sitzung des Konzernaufsichtsrats meine Kündigung durchzubekommen. Mit der Begründung: Führungsschwäche. Sollte es dazu kommen, werde ich über meinen Anwalt ein Arbeitsgerichtsverfahren anstrengen, das sich über ein bis zwei Jahre hinziehen kann. Ich bin tief erschüttert, wie mit mir nach 21 Jahren ärztlicher Leitungstätigkeit umgesprungen wird. In der freien Wirtschaft ist ein derartiges Vorgehen dem Vernehmen nach im Umgang mit altgedienten Mitarbeitern, die man nicht mehr haben will, gang und gäbe. Meine Welt ist das nicht. Ich weiß jetzt absolut nicht, wie es bei mir beruflich weitergeht. Ich bin 55 Jahre alt, habe also noch knapp zehn Jahre bis zum Rentenalter. Zum Privatisieren zu jung, andererseits auch schon so alt, dass eine neue Leitungsstelle nicht so einfach zu finden sein wird, vor allem weil ich wegen unserer 16-jährigen Tochter örtlich doch gebunden bin. Zu meinen aktuellen Stressoren kommt noch hinzu, dass die Ehe mit meiner Frau kurz vor dem Aus steht. Zurzeit brauche ich wahrhaft Nerven wie Drahtseile."

Wir haben telefoniert und seine Abschlussworte waren: „Ich hoffe, dass ich alles gut bewältigen kann. Hoffnung geben mir unter anderem mein Glaube, aber auch etliche Verwandte und Bekannte."

Ein halbes Jahr später hat er eine Chefarztstelle in einer Klinik, die ihm sehr gut gefällt, bekommt 40.000 Euro mehr als zuvor, sein altes Gehalt wird noch zusätzlich bis zum Ende des Jahres gezahlt, obendrauf gibt es noch eine dicke Abfindung – und er kann wieder mehr mit Patienten umgehen, genau das, was er sich gewünscht hat. Er ist zufriedener als zuvor, und selbst die Hierarchiestufe niedriger fällt für ihn nicht ins Gewicht.

Er bekam die ganze Packung und hat diesem niederdrückenden Sturm der Niederlagen nicht nur standgehalten, er ist sogar daran gewachsen. Das ist das, was ich unter der Bambusstrategie verstehe. Der Mann hat seinen Bamboo wahrlich aktiviert! Er wurde resilient.

Das gelingt nicht jedem: In Berlin gibt es schon 20 Prozent Akademiker, die aus ähnlichen Gründen auf der Straße gelandet sind. Frau weg, Job weg, totaler Absturz. Den Unterschied macht Resilienz. Mit der Bambusstrategie werden Sie resilient.

Ein Teil der Arbeit in meinem Coaching mit Professor G. aus dem Fallbeipiel war daher: „Lassen Sie uns trotzdem einen Plan B erarbeiten. Nur mal angenommen, es käme doch zu Ihrer Entlassung, auch wenn Sie sich das jetzt nicht vorstellen können ..." Und wir haben gemeinsam seinen „Leitstern" gesucht und gefunden: die Arbeit mit den Patienten. Er war gut vorbereitet und konnte recht schnell das Gute im Schlechten sehen.

Aktivieren Sie Ihre innere Kraft

Ihr Bamboo besteht aus elf Teilen:
- den **drei tiefen Wurzeln: Akzeptanz, Verbundenheit** und **positive innere Einstellung**, mit denen er Sie dabei unterstützt, sich fest und dauerhaft zu verwurzeln, so dass nichts Sie wirklich umhauen kann.
- den **vier Bestandteilen seines biegsamen Stammes**, den Ich-Stärkern, nämlich: **Selbstbewusstsein, einem Leitstern folgen, Selbstliebe** und **Selbstsicherheit**. Sein biegsamer Stamm erinnert Sie daran, selbst wie ein Bambus im Sturm zu sein, sich zu biegen statt zu brechen und auch nach großer Schneelast einfach wieder aufzustehen und weitere Triebe auszubilden.
- den **vier immergrünen Blättern, unseren Energiespendern: Spielräume und Lösungen, Vitalität, souverän durchsetzen** und **Arbeitsumfeld gestalten**. Wie beim Bambus ermöglichen sie Ihnen, sich immer der Sonne zuzuwenden. Ihre „Blätter" werden sich zwar im Sturm heftig bewegen, aber nicht fallen und auch im härtesten Winter grün bleiben.

Bambusstrategie universell einsetzen

Die resiliente Bambusstärke Ihres Bamboo zu nutzen, ist auch in weniger dramatischen Situationen hilfreich. Immer mehr Aufgaben, verteilt auf immer weniger Köpfe und immer weniger Zeit: Das ist die Realität vieler Menschen.

Bamboo ist Ihre immer greifbare innere Stärke, die Ihre seelische Widerstandskraft speist und damit Ihre Leistungslust und Lebenskraft am Leben erhält. So wie auch der Bambus aus sich selbst heraus seine Kräfte gegen die äußeren Widerstände mobilisiert.

Mit der Bambusstrategie aktivieren Sie Ihren Bamboo. Das nützt Ihnen
- zur vorbeugenden Stärkung Ihrer Persönlichkeit (man weiß nie, wie es kommt im Leben …).

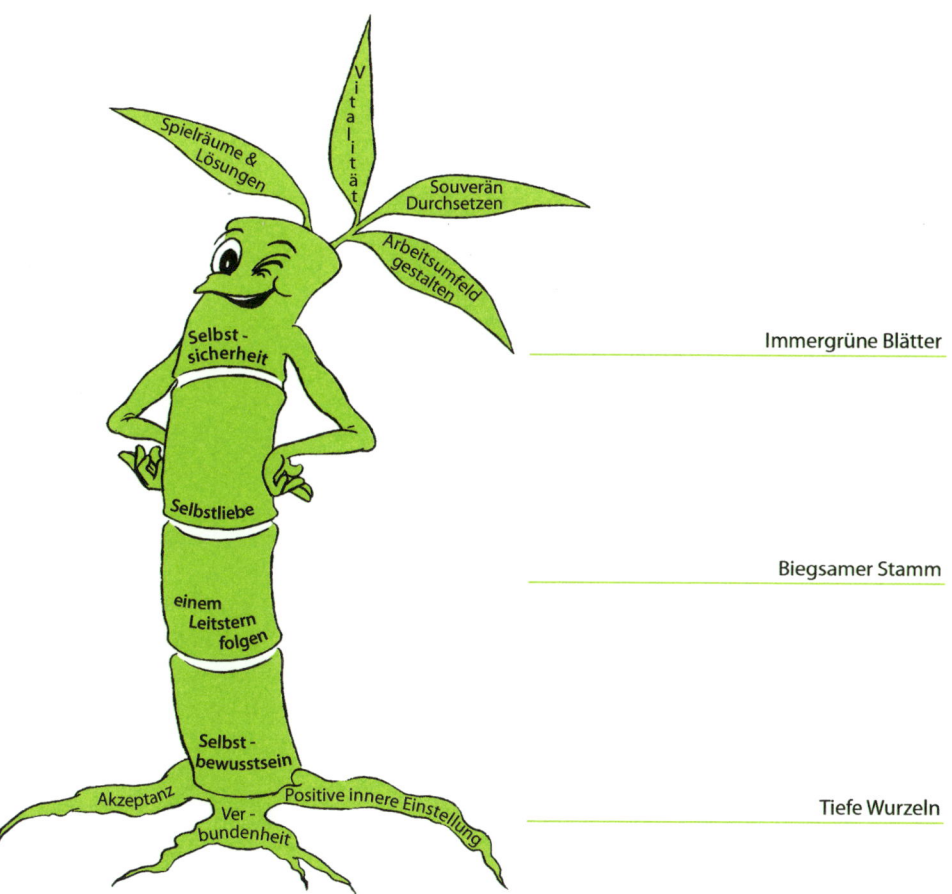

Die elf Teile Ihres Bamboo

- um den Anforderungen aus allen Richtungenn gelassen standzuhalten.
- für Ihre souveräne Durchsetzungskraft und mehr Gelassenheit im Umgang mit jeder Hierarchieebene.

Tatsache ist, dass manche Menschen in der Lage sind, selbst die furchtbarsten Erlebnisse zum Guten zu wenden und nicht nur ihre Ausgangssituation wiederherzustellen, sondern ihre Beziehungen noch zu verbessern, eine höhere Wertschätzung

Aktivieren Sie Ihre innere Kraft

dem Leben gegenüber zu bekommen und ein stärkeres Gefühl für ihre persönliche Kraft zu entwickeln. Trotz oder genauer gesagt gerade wegen des erlittenen Tiefschlags wachsen sie und entwickeln sich menschlich weiter. So kann eine Krise auf verdrehte Art zu einem positiven Ergebnis führen, das sich andernfalls nicht eingestellt hätte. Oder wie Shakespeare sagt: „Ein tiefer Fall führt oft zu höherem Glück."

Neues aus Scherben schaffen

Stellen Sie sich eine schöne Vase vor, die in tausend Teile zerbricht. Im Bemühen, den ursprünglichen Zustand wiederherzustellen, können Sie die Scherben zusammenkleben. Die Vase sieht danach vielleicht fast genauso aus, ist aber längst nicht mehr so stabil wie zuvor. Mit der Bambusstrategie kitten Sie nicht, sondern schaffen aus den Scherben etwas völlig Neues, noch Schöneres – etwa ein Wandmosaik, wie es kein zweites gibt.

Denken Sie wie Edison

Von Thomas Alva Edison, einem der erfolgreichsten und produktivsten Erfinder der Weltgeschichte, wird folgende Geschichte erzählt, die bezeichnend für seine Einstellung zu Niederlagen ist: Bevor es Edison gelang, eine Glühlampe zum dauerhaften Leuchten zu bringen, kam ein junger Wissenschaftler in das Labor und sah unglaublich viele durchgeglühte Drähte. Er fragte Edison: „Ist es nicht deprimierend, so viele Rückschläge zu haben?" Edison blickte ihn verwundert an und sagte: „Was heißt hier Rückschläge? Ich habe 5000 Möglichkeiten entdeckt, wie man keine Glühbirne herstellt!"

Bamboo-Strategen

Edison war ein Bamboo-Stratege. So nenne ich resiliente Menschen, die einen starken Bamboo in sich haben. Ein Bamboo-Stratege fällt hin, steht aber bald wieder auf, um danach flotter, stärker und aufrechter seinen Weg zu gehen. Er hält Belastungen ohne langfristige Beeinträchtigung stand und ist Gestalter seines Lebens.

Es wäre ja gelacht, wenn Sie Ihre individuellen Herausforderungen nicht auch in den Griff kriegen würden. Packen wir es an: Aktivieren wir Ihren Bamboo! Werden auch Sie zum Bamboo-Strategen!

Was heißt Resilienz eigentlich und wo kommt der Begriff her?

Resilienz – so heißt die seelische Kraft, die Menschen dazu befähigt, Niederlagen, Unglücken und Schicksalsschlägen besser und schneller standzuhalten. Seit Anfang der Neunzigerjahre macht das Thema in der Verhaltensforschung Furore. Das Wort, vom lateinischen resilio (abprallen, zurückspringen) abgeleitet, kommt aus der Physik und bezeichnet in der Materialforschung hochelastische Werkstoffe, die nach jeder Verformung wieder ihre ursprüngliche Form annehmen. Die Verhaltensforscher haben den Begriff schließlich auf den Menschen übertragen: Resilient ist, wer die emotionale Stärke aufbringt, sich von Stress, Krisen und Schicksalsschlägen nicht brechen zu lassen, sondern das Beste aus jedem Unglück zu machen, daraus zu lernen und gerade durch die Leiderfahrung über sich selbst hinauszuwachsen. Oder anders gesagt: Wer auch mit dem Kopf unter Wasser noch Perlen findet.

Aktivieren Sie Ihre innere Kraft

Ein Sturm zieht auf

*„Der eine wartet, dass die Zeit sich wandelt,
der andere packt sie kräftig an und handelt."*
DANTE ALIGHIERI

Handlungsbedarf erkennen

Krisen kündigen sich an

Eine Krise zu erleben geht meist mit tiefer Unzufriedenheit, emotionaler Unausgeglichenheit, starker Verunsicherung und heftigen Gefühlsausbrüchen oder totalem Rückzug und Isolation einher. Wollen wir nicht in der Unfähigkeit zu handeln enden, sollten wir möglichst schon den Beginn einer Krise mitbekommen. Leider fällt uns aber genau das nicht ganz leicht: Wir nehmen Zeichen im stressigen Tagesgeschäft einfach nicht zur Kenntnis oder wollen uns nicht damit auseinandersetzen. Unseren Bamboo verbannen wir so lange in die Ecke.

Alle Menschen kennen das Gefühl, enttäuscht und niedergeschlagen auf das nicht so tolle Ergebnis ihrer Arbeit, ihrer Anstrengungen und Bemühungen zu reagieren. Gerne halten wir allerdings die Fassade der Unfehlbarkeit nach außen aufrecht und grämen uns lieber heimlich. Wer redet schon gerne laut über seine Fehler oder zeigt deutlich seine düsteren Gefühle nach verpassten Chancen und Misserfolgen? Wer gibt schon im Kollegenkreis zu, dass er sich überlastet und ausgelaugt fühlt? Dass er Sorge hat, bald einfach nicht mehr zu können? Dass ihm alles zu viel ist? Niemand, denn es gilt nach wie vor als Tabuthema, sich selbst schwach zu zeigen, und macht sich nicht gut im Berufsleben. Höher, schneller, weiter ist die Devise. Dazu passt das Zugeben von Schwäche nicht. Schließlich wollen wir unser Gesicht wahren und unseren Ansprüchen an Perfektion gerecht werden. Und manchmal hoffen wir auch, dass sich die ganze Situation einfach in Luft auflöst, dass wir uns an das Arbeitspensum noch gewöhnen oder die Situation noch besser in den Griff bekommen, wenn wir uns nur genug anstrengen. Häufig mag man die Gefühle von Überlastung nicht einmal sich selbst gegenüber eingestehen – es passt nicht in das Bild von uns selbst, schließlich sind wir Führungskraft und haben tough zu sein.

Viele Menschen in verschiedenen Positionen glauben nach lang anhaltenden Perioden mit heftigem Arbeitsaufkommen und nicht enden wollender Belastung, in einer Sackgasse gelandet zu sein, und wissen keinen Ausweg. Sie fühlen sich verunsichert, erleben sich machtlos und spüren einen massiven Energieverlust.

Krisen haben oft mit Veränderungen zu tun: Veränderungen bei mir selbst – Werte oder Lebensumstände ändern sich und plötzlich scheint der Job nicht mehr zu uns zu passen und Frust macht sich breit. Oder es geht um Veränderungen der Arbeitsbedingungen und wir hätten es lieber anders, als es ist.

Krisen bedeuten Veränderung

Außer plötzlich auftretenden Krisen, die einem Schockerlebnis gleichkommen, wie beispielsweise eine fristlose Kündigung oder der Tod eines geschätzten Kollegen, gibt es aber häufig auch die Art von Krise, die sich über einen längeren Zeitraum anbahnt. Sie tritt so schleichend in unser Leben, dass wir sie zunächst nicht einmal kommen sehen: Die Firma, in der wir arbeiten, baut Stellen ab. Wir hoffen, nicht dabei zu sein, und machen erst einmal einfach so weiter wie bisher. Die Beziehung zu einem Mitarbeiter verschlechtert sich zusehends und wir warten noch ein wenig länger mit einem klärenden Gespräch. Unser Chef beginnt uns zu mobben und wir hoffen monatelang, dass sich das von alleine wieder ändert. Das Unternehmen fusioniert mit einem ehemaligen Konkurrenten, Konflikte zwischen der alten und der neuen Mannschaft werden zum täglichen Belastungsfaktor und wir gehen erst einmal davon aus, dass unser Team schon alleine klarkommt, obwohl wir durchaus mitbekommen, dass die Stimmung schon länger auf dem Nullpunkt ist.

Veränderungen in den Arbeitsbedingungen haben immer eine Vorgeschichte und zeichnen sich oft schon monatelang ab, bevor wir uns dieser bewusst werden. Sie können sich selbst und Ihren Mitarbeitern eine Menge an unnötigem Stress ersparen, wenn Sie auf die Vorboten und Warnzeichen achten.

Anzeichen einer Krise

körperliche Symptome Oft sind körperliche Symptome wie häufige kleinere Erkrankungen, ständig wiederkehrende Spannungskopfschmerzen, Schwindelgefühle, Rückenschmerzen und Magen- oder Verdauungsstörungen die ersten Indizien, dass Sie auf eine Krise zusteuern, die gesundheitliche Folgen wie beispielsweise Burn-out für Sie haben kann. Bamboo flüstert Ihnen erst einmal liebevoll zu: „Hey Du, es ist Zeit zum Akku-Aufladen."

psychische Symptome Doch nicht nur der Körper, auch die Psyche gibt uns oft Hinweise darauf, dass etwas aus der Balance gerät: Ihre Kollegen, Kunden und Chefs gehen Ihnen zunehmend auf die Nerven und Konflikte bahnen sich an oder Sie sind nervöser, reizbarer oder auch vergesslicher, als Sie es sonst von sich kennen. Vielleicht erleben Sie auch Angstgefühle, ohne zu wissen, wovor Sie eigentlich Angst haben, oder sind schnell erschöpft. Alles Zeichen einer schon fortgeschrittenen Überforderung, die weder durch ein verlängertes Wochenende noch durch Entspannungsübungen verschwinden. Auch Schlafstörungen oder dauernde Müdigkeit sind deutliche Hinweise darauf, dass etwas in Ihrem Leben nicht mehr stimmt.

Häufige Niedergeschlagenheit und andauernde schlechte Laune sollten Sie ernst nehmen! Wenn Sie den Spaß an Dingen verlieren, die Ihnen sonst Freude gemacht haben, dann sollten Sie dies als Warnzeichen ansehen. Auch wenn Ihre Leistungsfähigkeit nachlässt und Sie sich schwerer konzentrieren können, wichtige Dinge vergessen, mehr Fehler machen als sonst oder wenn Ihnen die Ideen ausgehen und einfache Routinearbeiten Sie plötzlich anstrengen, können das S.O.S.-Rufe Ihres Bamboo sein, die nach Ihrer Aufmerksamkeit verlangen. Er hält es für seine Aufgabe, Sie zu beschützen – hören Sie auf ihn!

Weitere Zeichen sind ständige wiederkehrende Gedanken, die immer um dasselbe Problem oder um den immer gleichen Konflikt kreisen, ohne dass Sie zu einer Lösung kommen und ohne dass Sie den Stoppknopf dafür finden. Wenn diese Zeichen sich mehren und über einen längeren Zeitraum hinweg auftreten, dann sind sie ziemlich sicher Signale einer persönlichen Krise. Sie einfach zu übergehen und zu glauben, das würde schon von alleine wieder gut werden, funktioniert nicht.

Gedankenkarussell

Je früher Sie eine sich anbahnende Krise bei sich oder Ihren Mitarbeitern erkennen, desto erfolgversprechender können Sie darauf reagieren. Die meisten Menschen neigen dazu, sich erst zu bewegen, wenn es gar nicht mehr anders geht. Aber wir müssen viel Energie darauf verwenden, die Veränderungen nicht wahrhaben zu wollen. Das ist wie bei einem Stromgerät im Stand-by-Modus: Es tut sich scheinbar nichts und wir merken nicht einmal, dass das Gerät Strom frisst, aber genau das tut es. Verdrängen und sich selbst in den Stand-by-Modus schalten, kann uns Menschen richtig krank machen.

Je höher in der Hierarchie Sie angesiedelt sind, umso mehr Verantwortung tragen Sie und umso selbstverständlicher werden 60- bis 80-Stunden-Wochen. Gleichzeitig wird es immer schwieriger, sich zu „outen" und sich in einen Austausch mit Kollegen zu wagen: „Sag mal, geht es dir auch so? Ich bekomme Schwierigkeiten mit meinem Körper, schlafe nicht mehr gut ..." Wir neigen allzu bereitwillig dazu, erste Warnzeichen wegzuschieben und als persönliche Schwäche vor anderen zu verstecken.

Verantwortung führt zum Verdrängen

Handlungsbedarf erkennen

Fallbeispiel   So wie Frau Flörri. Sie fühlt sich für ihre Mitarbeiter stark verantwortlich und glaubt deshalb, selbst immer stark sein zu müssen. Sie hat seit einem halben Jahr immer wechselnde „Wehwehchen", wie sie das nennt. Mal sind es Kopfschmerzen, mal sticht das Herz, dann sind es Verdauungsbeschwerden und Magenweh oder ein Klingeln im Ohr und flatternde Augenlider. Sie ist jetzt über 40 und sie fragt mich im Seminar, ob das einfach die üblichen ersten Alterserscheinungen sind oder ob das Warnzeichen sein könnten, die sie auf einen drohenden Burn-out hinweisen. Sie hat das Gefühl, ein Schwächling zu sein, und fragt sich, ob andere Menschen in vergleichbaren Positionen ähnliche Probleme haben. Ja, das haben sie ...

Und viele haben die berechtigte Sorge, mit niemandem im Unternehmen darüber sprechen zu können. Ich kann Ihnen leider nicht empfehlen, sich im Kollegenkreis zu outen. Tatsächlich ist es immer noch so, dass Sie befürchten müssen, dass man Ihnen nichts mehr zutraut, wenn Sie Schwäche zeigen. Aber Sie können Ihre Situation gründlich reflektieren, Ihrem Bamboo „Guten Tag" sagen und feststellen, dass Sie in der Vergangenheit schon eine Vielzahl an Fähigkeiten aufgebaut haben, die Ihnen auch in der Zukunft helfen werden, allen Widrigkeiten standzuhalten. Und Sie können und sollten sich einen externen Gesprächspartner suchen, mit dem Sie frei reden können. Beispielsweise einen Coach.

Selbstcheck: Wie stark ist der Bamboo in Ihnen?

Ihr Bamboo lebt. Und zwar in Ihnen. Wahrscheinlich bisher ohne Ihr Wissen. Dabei haben Sie mit seiner Hilfe schon einige Krisen gemeistert. Manche brillant, manche mit Hängen und Würgen. Mit dem folgenden Selbstcheck können Sie herausfinden, wie stark der Bamboo in Ihnen schon ist. Sie erfahren, in welchen Bereichen Ihr Bamboo Sie schon stark gemacht hat und wo er Sie noch etwas an die Hand nehmen könnte. Die Ergebnisse erlauben Ihnen Einblicke in die Stärken und Schwächen Ihrer seelischen Widerstandskraft – Ihres Bamboo – und wie er Sie jetzt schon bei Ihrer Art der Krisenbewältigung unterstützt. Sie werden erkennen, welche der elf Resilienzfähigkeiten Sie bereits in hohem Maße besitzen und welche Sie noch stärken sollten.

Der Selbsttest besteht aus je zehn Aussagen, die den elf Teilen Ihres Bamboo zugeordnet sind. Entscheiden Sie bitte zügig und intuitiv, in welchem Maße die Aussagen auf Sie zutreffen, und machen Sie in der jeweiligen Spalte ein Kreuz.

Die Zahlenwerte haben folgende Bedeutung:
1: Die Aussage trifft nicht zu
2: Die Aussage trifft eher nicht zu
3: Die Aussage trifft teilweise zu
4: Die Aussage trifft weitgehend zu
5: Die Aussage trifft voll zu

		1	2	3	4	5
Tiefe Wurzeln						
Akzeptanz						
1	Ich beschäftige mich mehr mit der Zukunft als mit der Vergangenheit.					
2	Was vorbei ist, ist für mich erledigt. Verlorenem weine ich keine Träne nach.					
3	Es ist Teil meiner Natur, Belastungen und Härten zu ertragen und zu überwinden.					
4	Insgesamt genieße ich das Leben unabhängig von meiner Situation und mache aus allem das Beste.					
5	Ich richte meinen Fokus konsequent auf Lösungsmöglichkeiten und vergeude meine Energie nicht mit Jammern über Dinge, die sich nicht ändern lassen.					
6	Ich passe mich schnell an Veränderungen an und bin hoch flexibel.					

Selbstcheck: Wie stark ist der Bamboo in Ihnen?

	1	2	3	4	5

7	Ich komme gut mit herausfordernden Situationen zurecht. Manchmal suche ich sie geradezu und setze mich ihnen aus, statt alles zu vermeiden, was mir Angst macht oder unangenehm ist.					
8	Wenn eine Situation für mich kritisch wird, analysiere ich zunächst die Tatsachen und überprüfe meine Bewertung der Sachlage.					
9	Mir ist bewusst, dass ich im Leben keine größeren Gewinne einfahren kann, ohne Verluste zu riskieren.					
10	Ich akzeptiere, dass Belastungen, Niederlagen, Konflikte, Missgeschicke und Leid normaler Bestandteil des Lebens sind. Ich weiß, dass ohne die „dunkle" Seite keine helle Seite möglich wäre (ohne Schatten kein Licht).					

Summe Akzeptanz:

Verbundenheit

11	Ich habe ein Netz von Kontakten, in dem man sich gegenseitig hilft und in dem persönlicher Austausch möglich ist.					
12	Ich kann mich gut in andere – auch schwierige – Menschen hineinversetzen und deren Gefühle nachvollziehen.					
13	Ich habe regelmäßig Kontakt zu Freunden und Bekannten und nehme mir Zeit für die Pflege wichtiger Kontakte.					
14	Ich habe mindestens einen guten Freund/eine gute Freundin, bei dem/der ich mich ganz entspannt so geben kann, wie ich bin, und mit dem/der ich Freude und Leid teilen kann.					
15	Ich kenne meine eigenen Gefühle und kann spüren, was andere Menschen empfinden.					
16	Naturerlebnisse gehören zu meinem Leben dazu.					
17	Ich gehöre regelmäßig zu den Ersten, die Kollegen und Fremden ihre Hilfe anbieten.					
18	Ich erkenne Warnzeichen meines Körpers und meiner Psyche und nehme sie ernst.					
19	Ich habe Vorbilder und/oder Mentoren, die mich inspirieren und an denen ich mich orientiere.					

	1	2	3	4	5
20 Es fällt mir leicht, mir bei Bedarf Beratung und Unterstützung zu holen, und ich spüre rechtzeitig, wann es für mich Zeit wird, einen Coach, Therapeuten, Arzt oder Ähnlichen aufzusuchen.					
Summe Verbundenheit:					

Positive Einstellung

	1	2	3	4	5
21 Ich kann auch einmal über mich selbst lachen und verliere auch in kritischen Situationen nicht meinen Humor.					
22 Gelassenheit und Humor zählen zu meinen Stärken.					
23 Ich halte oft inne und empfinde Dankbarkeit auch für Kleinigkeiten.					
2 Meine Freunde, Bekannten und Kollegen halten mich für einen Optimisten.					
25 Ich kann gut improvisieren und auch einmal fünfe gerade sein lassen.					
26 Im Großen und Ganzen halte ich mich für einen sehr glücklichen Menschen.					
27 Ich erwarte, dass schwierige Situationen sich schließlich gut entwickeln werden, und mache weiter.					
28 Ich nehme die kleinen Freuden des Lebens wahr und genieße sie.					
29 Ich bin neugierig, habe Interesse für die Welt und bringe Offenheit für neue Erfahrungen mit.					
30 Ich kann in jeder Situation das Gute sehen und aus allem das Beste machen.					
Summe Positive Einstellung:					

Flexibler Stamm

Selbstbewusstsein

	1	2	3	4	5
31 Ich lerne etwas aus negativen Vorfällen und versuche erneut zu einem guten Ergebnis zu kommen.					
32 Ich bin mir meiner Stärken bewusst und kann sie gezielt einsetzen.					

Selbstcheck: Wie stark ist der Bamboo in Ihnen?

		1	2	3	4	5
33	Ich reflektiere meine Erfahrungen und kenne mich gut in mir aus (ich kenne zum Beispiel bestimmte Menschentypen, konkrete Situationen oder Orte, die mich entweder stützen oder schwächen).					
34	Ich glaube, dass ich die meisten Ereignisse stark beeinflussen kann, und übernehme die Verantwortung für meine Misserfolge genauso wie für meine Erfolge. Ich sehe mich nicht als Opfer der Umstände, sondern als Gestalter meines Lebens.					
35	Ich beobachte mich selbst und registriere, wie ich über mich denke und spreche. Der innere Dialog mit mir selbst ist positiv und wertschätzend.					
36	Ich hole mir regelmäßig Feedback von anderen ein.					
37	Ich habe für mich funktionierende Problemlösungsstrategien entwickelt und bin mir ihrer bewusst. In der Anwendung bewährter Strategien bin ich flexibel und bereit, neue auszuprobieren.					
38	Ich weiß, was mir guttut und womit ich mich neu motivieren kann.					
39	Ich kann meinen Zustand auch in kritischen Situationen positiv beeinflussen.					
40	Ich kenne meine persönlichen „Knöpfe", die andere drücken könnten, um mich zu beeinflussen, und kann rechtzeitig gegensteuern (zum Beispiel schlechtes Gewissen oder Schuldgefühle). Ich nehme meine Gefühle bewusst wahr, lasse mich aber nicht von ihnen bestimmen.					

Summe Selbstbewusstsein:

Einem Leitstern folgen

		1	2	3	4	5
41	Ich habe klare und realistische Ziele und plane meine Zukunft sorgfältig.					
42	Ich habe eine klare Vision für mein Leben.					
43	Ich richte meine Entscheidungen und Handlungen an meiner Vision wie an einem Leitstern aus.					
44	Eine feste Lebensphilosophie gibt meinem Leben und meiner Arbeit Sinn.					

		1	2	3	4	5
45	Ich weiß, welche Werte und Überzeugungen auch in Krisenzeiten für mich ihre Gültigkeit behalten.					
46	Ich habe das Gefühl, am rechten Platz eingesetzt zu sein, und kann meine Interessen einsetzen und meine Werte leben.					
47	Meine Arbeit begeistert mich oft.					
48	Ich sehe Sinn in meiner Arbeit und glaube, dass ich einen wichtigen Beitrag leiste.					
49	Ich erkenne und nutze günstige Gelegenheiten, die zu meinen Zielen führen.					
50	Meine Ziele motivieren mich so stark, dass ich sie auch bei aufkommenden Schwierigkeiten nicht aus den Augen verliere.					

Summe Einem Leitstern folgen:

Selbstliebe

51	Im Zweifelsfall ist mir mein Wohlbefinden wichtiger als beruflicher Erfolg oder die Erfüllung von Erwartungen.					
52	Ich weiß, was mir guttut, und nehme mir regelmäßig Zeit dafür. Ich passe gut auf mich auf.					
53	Mir ist bewusst, dass es immer irgendjemanden gibt, der reicher, klüger, schöner ist, und ich vergleiche mich nicht ständig mit anderen, die weit außerhalb meiner Vergleichsgruppe sind (zehnfach so hohes Gehalt haben, Prominenter, Schönheitskönigin o. Ä. sind).					
54	Ich habe eine positive Meinung über mich selbst und akzeptiere mich vollständig. Auch wenn ich noch „weiter an mir arbeiten" will, mag ich mich in jeder Hinsicht: meine Persönlichkeit, mein Aussehen, meinen Körper, meine Werte und die Leistungen, die ich im Leben erbracht habe.					
55	Ich bin mir sicher, ein wertvoller Mensch zu sein – unabhängig davon, was andere über mich sagen.					
56	Ich akzeptiere andere so, wie sie sind, und versuche nicht, sie zu ändern, damit sie meinen Bedürfnissen entsprechen. Ich verzeihe anderen ihr Anderssein.					

Selbstcheck: Wie stark ist der Bamboo in Ihnen?

		1	2	3	4	5
57	Ich habe keine Scheu davor, mich zu öffnen und Vertrauen zu dafür geeigneten Menschen zu entwickeln. Es macht mir keine Angst, von anderen in meinem tiefsten Wesen erkannt zu werden.					
58	Ich bin fähig, Beziehungen zu Menschen, die mir nicht wohlgesonnen sind und die mir schaden, aufzugeben. Dabei bleibe ich handlungsfähig und lasse mich nicht durch Depressionen ausbremsen.					
59	Ich kann auch an einem Ziel arbeiten, ohne dass diese Leistung von außen wertgeschätzt oder auch nur wahrgenommen wird.					
60	Ich kenne meine Leistungsgrenzen und beute mich nicht aus. Angespornt durch ein großes, selbst gestecktes Ziel kann ich aber auch ungeahnte Kräfte mobilisieren.					

Summe Selbstliebe:

Selbstsicherheit

		1	2	3	4	5
61	Ich vertraue bei Entscheidungen auch auf meine Intuition und auf mein „Bauchgefühl".					
62	Ich glaube daran, dass ich grundsätzlich alles schaffen kann, was ich mir vornehme.					
63	Ich vertraue jederzeit auf meine Kraft und mein Können.					
64	Ich probiere gerne etwas Neues aus und lerne gerne dazu, auch wenn es mir zunächst schwierig erscheint.					
65	Ich kann meine Fähigkeiten gut einschätzen und traue mir viel zu.					
66	Ich will nicht den Anschein erwecken, mehr zu sein, als ich tatsächlich bin. Ich lebe mein Leben echt und authentisch, und ich bleibe mir selbst treu.					
67	Ich bin grundsätzlich zuversichtlich und gehe davon aus, dass ich Schwierigkeiten überwinden kann. Ich bin zäh und gebe nicht so leicht auf.					
68	Ich verurteile mich nicht komplett, wenn ich mich anders verhalten habe, als ich es mir vorgenommen hatte, und kann, auch wenn etwas schiefgelaufen ist, etwas Gutes an mir finden.					

	1	2	3	4	5
69 Ich denke in Ruhe nach, bevor ich rede oder handle. Erst wenn ich Vorteile und Risiken sorgfältig gegeneinander abgewogen habe, folge ich meinen Impulsen.					
70 Mir ist bewusst, dass ich es nicht jedem recht machen kann, und ich behalte meinen Fokus auch nach Angriffen auf meine Person oder meine Leistung weiter auf meinem Ziel.					
Summe Selbstsicherheit:					
Immergrüne Blätter					
Spielräume & Lösungen					
71 Ich weiß immer ziemlich genau, was ich will und wohin die Reise gehen soll (statt nur zu wissen, was ich nicht will).					
72 Ich gehe davon aus, dass ich die meisten Situationen beeinflussen kann, und habe fast immer das Gefühl, die Kontrolle über mein Leben zu haben.					
73 Probleme packe ich an und werde aktiv. Den Kopf in den Sand stecken ist nicht meine Sache.					
74 Ich denke mir kreative Lösungen für Herausforderungen aus und erfinde Wege, um Probleme zu lösen.					
75 Es muss schon sehr viel passieren, damit ich einmal keinen Rat mehr weiß und keine Lösungsideen mehr habe. Ich glaube, dass es letztlich für jedes Problem eine Lösung gibt.					
76 Wenn mir einmal etwas nicht gelingt, versuche ich es noch einmal neu und gegebenenfalls auf eine andere Art und Weise.					
77 Wenn ich keinen Weg mehr weiß, hole ich mir neue Kraft und Inspiration, indem ich bei geeigneten Vorbildern Rat suche. Oder ich beschäftige mich mit Geschichten von Menschen, die Schwierigkeiten erfolgreich überwunden haben, und hole mir so neue Anregungen.					
78 Ich suche nicht nach Schuldigen oder Fehlern, sondern nach Lösungen.					
79 Ich finde und nutze jeden noch so kleinen Handlungsspielraum.					

		1	2	3	4	5
80	Ich löse gerne Probleme, dabei gehe ich kreativ und auch einmal unkonventionell vor.					

Summe Spielräume & Lösungen:

Vitalität

		1	2	3	4	5
81	Ich kann auch in besonders druckvollen Zeiten gut entspannen und abschalten.					
82	Ich schlafe gut.					
83	Ich fühle mich körperlich gut, belastbar und kräftig.					
84	Ich gehe Herausforderungen mit voller Kraft an.					
85	Genuss und Begeisterung sind fester Bestandteil meines Lebens.					
86	Flow (selbstvergessenes Tun im Fluss mit sich selbst, ohne auf die Zeit zu achten) erlebe ich immer wieder einmal und ich weiß, welche Tätigkeiten bei mir das Flowgefühl auslösen.					
87	Ich sorge für meine Ausgeglichenheit, indem ich körperlich aktiv werde, meditiere und Anlässe suche, bei denen ich lächeln und lachen kann.					
88	Sportliche Betätigung gehört zu meiner wöchentlichen oder sogar täglichen Routine.					
89	Ich habe mich und meine Emotionen im Griff und brauche keine Hilfe von außen, um mich aus negativen Gefühlen zu befreien. Selbst in schwierigen Situationen gelingt es mir, mich selbst aufzuheitern.					
90	Ich kann mich auch unter hohem Druck noch gut konzentrieren.					

Summe Vitalität:

Souverän durchsetzen

		1	2	3	4	5
91	Ich sage deutlich und klar, wenn mir etwas zu viel wird.					
92	Ausgehaltener Blickkontakt fällt mir leicht.					
93	Ich kann mich klar abgrenzen und gut Nein sagen.					
94	Wenn mich etwas stört, spreche ich es frühzeitig aktiv an und warte nicht, bis ein größerer Konflikt entstanden ist.					

	1	2	3	4	5
95 Ich durchdenke alle Konsequenzen, bevor ich etwas tue. Dabei lasse ich mich nicht unter Druck setzen.					
96 Ich trete klar, sicher und souverän auf.					
97 Ich verfüge über gute kommunikative Fähigkeiten, kann meine Interessen und die meiner Mitarbeiter angemessen ausdrücken und andere Menschen dafür gewinnen.					
98 Es fällt mir leicht, meinen Ärger gegenüber Menschen loszulassen, die mich verletzt oder mir unrecht getan haben.					
99 Auch in Konfliktsituationen bleibe ich souverän und gelassen.					
100 Ich bleibe gelassen, wenn mich jemand abweist oder ablehnt.					
Summe souverän durchsetzen:					
Arbeitsumfeld					
101 Im Grunde mache ich genau das, was ich wirklich will.					
102 Meine Arbeit erfüllt mich und entspricht meinen Stärken, Begabungen und Talenten.					
103 Ich erlebe regelmäßig Flow (Schaffensrausch, Aufgehen in der Arbeit) bei meiner Tätigkeit.					
104 Ich empfinde meine private und berufliche Situation als sicher.					
105 Ich weiß genau, was im Job von mir erwartet wird.					
106 Ich kann entscheiden, wie und wann ich meine Aufgaben erledige, und selbstständig planen.					
107 Die Arbeit ist so organisiert, dass ich meine Aufgaben in der geforderten Zeit und Qualität erledigen kann.					
108 Ich bekomme den zu meiner Leistung passenden Lohn.					
109 Ich habe neben der Arbeit genügend Freiraum für mein Privatleben.					
110 Ich bekomme für meine Arbeit Anerkennung und Wertschätzung.					
Summe Arbeitsumfeld:					
Gesamtpunktzahl:					

Selbstcheck: Wie stark ist der Bamboo in Ihnen?

Auswertung

Bitte addieren Sie Ihre Punkte und tragen Sie sowohl die Summen der einzelnen Bereiche als auch die Gesamtpunktzahl ein.

- **550 bis 440 Punkte:**

Sie sind der perfekte Bamboo-Stratege und in allen Bereichen gleichermaßen fit! Ihr Bamboo ist sehr stark! Ihre Einstellungen und Handlungen geben Ihnen eine große Widerstandskraft und innere Stärke und Sie werden auch künftige Krisen mit Bravour meistern. Gratulation! Für Sie kann das Buch dazu beitragen, noch etwas dazuzulernen – gute Bamboo-Strategen mögen das. Bei Ihnen geht es nur noch darum, den „schwarzen Gürtel" in Sachen Lebensbewältigung zu erwerben. Und darum, sich zu überlegen, wie Sie sich für Ihre Mitarbeiter verfügbar machen, die noch im Versuch feststecken, mit Schwierigkeiten umzugehen. Menschen lernen von anderen Menschen – am besten von Vorbildern. Sie können ein gutes Vorbild für Ihre Mitarbeiter sein und sie dabei unterstützen, ihren Bamboo genauso stark zu machen wie Ihren eigenen!

- **330 bis 439 Punkte:**

Sie haben schon sehr gute Fähigkeiten als Bamboo-Stratege und sind gut gerüstet! Pflegen Sie Ihren Bamboo! Achten Sie auf die Bereiche mit der niedrigsten Punktzahl und arbeiten Sie in diesen Feldern gezielt an sich. Ein Coach, der auf das Thema Resilienz spezialisiert ist, kann Sie dabei unterstützen.

- **220 bis 329 Punkte:**

Sie tun sich in einigen Bereichen noch schwer. Suchen Sie sich zunächst den Bereich mit der niedrigsten Punktzahl aus und lesen Sie das entsprechende Kapitel, um Ihren Bamboo zu stärken. Ihr Ergebnis zeigt, dass Sie von der Beschäftigung mit diesem Buch eine Menge lernen und noch besser darin werden können, Belastungen gut zu verarbeiten. Suchen Sie sich ein geeignetes Vorbild mit einem hellwachen, starken Bamboo, lassen Sie sich unterstützen, coachen und ermutigen. Vielleicht ermöglicht Ihnen sogar Ihr/e Arbeitgeber/-in ein Resilienz-Coaching. Fragen Sie danach!

■ **110 bis 219 Punkte:**
Ihr Ergebnis zeigt, dass das (Arbeits)Leben für Sie vermutlich schwierig ist, und das wissen Sie auch. Es ist für Sie nicht leicht, mit Druck umzugehen. Sie fühlen sich wahrscheinlich leicht verletzt, wenn Sie kritisiert werden. Manchmal erleben Sie sich vermutlich hilflos und ohne Hoffnung. Wenn diese Aussagen auf Sie zutreffen, fragen Sie sich: „Möchte ich lernen, mit Schwierigkeiten besser umzugehen?" Ist Ihre Antwort „Ja", dann ist es ein guter Start. Wenn Sie Lust darauf haben, Ihren Bamboo zu stärken, ist das schon ein gutes Zeichen. Das Buch wird Sie ein gutes Stück weiterbringen. Bitte holen Sie sich zusätzlich Unterstützung bei einem Coach, Therapeuten oder Arzt! Sie sollten das Thema dringend angehen!

Überprüfen Sie Ihre Selbsteinschätzung
Bitten Sie Menschen, die Sie gut kennen, diesen Fragebogen für Sie auszufüllen und Ihnen Feedback zu geben. Besprechen Sie Unterschiede in der Einschätzung und hören Sie aufmerksam, was Ihnen diese Menschen sagen. Fällt deren Einschätzung höher aus als Ihre eigene, mag das ein Hinweis darauf sein, dass Sie „gut erzogen" sind. Das macht Ihren Bamboo schwächer, als er sein könnte.

Bonusfragen
Überprüfen Sie Ihre Selbsteinschätzung, indem Sie die nachfolgenden „Bonusfragen" beantworten:
a. Hat Sie Ihr Sinn für Humor schon mal in Schwierigkeiten gebracht?
b. Haben Sie schon mal Fragen gestellt, die Sie in Schwierigkeiten gebracht haben?
c. Wurde Ihnen schon mal von jemandem vorgeworfen, dass Sie die schlechte Angewohnheit hätten, mögliche Probleme vorauszudenken?
d. Haben Sie schon mal Konfliktpartner/-innen irritiert, indem Sie gezeigt haben, dass Sie deren gegensätzliche Sichtweise verstehen können?
e. Haben Sie schon einmal auf vordergründigen Erfolg verzichtet, um Ihren Werten treu bleiben zu können, und festgestellt, dass Sie danach zufriedener waren als zuvor?

Geben Sie sich für jedes „Ja" auf die obigen Fragen jeweils 20 Zusatzpunkte und schauen Sie, ob sich Ihr Ergebnis dadurch ändert. Zu allen Bereichen der elf Bamboo-Bestandteile finden Sie in den folgenden Kapiteln Erläuterungen, Ideen, Übungen und Aufmunterungen. Bamboo freut sich schon darauf, Ihnen zur Hand zu gehen!

Sind Optimisten automatisch resilient?

Einzelne Aspekte von Resilienz herauszugreifen, macht nicht resilient. Jemand, der zum Beispiel ausschließlich optimistisch ist, ist nicht automatisch besonders widerstandsfähig. „Wird schon werden" ist keine Lebensstrategie. Ein resilienter Mensch sieht auch das Risiko: „Ich könnte meinen Job verlieren." Oder: „Es kann sein, dass mich meine Führungsaufgabe überfordert." Die besten Bamboo-Strategen sind nicht die Daueroptimisten, sondern diejenigen, die zwar grundsätzlich voller Hoffnung sind, sich aber trotzdem bewusst machen, dass etwas nicht klappen könnte, und auf diese Eventualität vorbereitet sind. Mit dieser Haltung wächst Ihr Bamboo. Und je kräftiger er ist, desto mehr kann er Ihnen den Rücken stärken.

Ein Sturm zieht auf

Allen Stürmen standhalten

> „Wenn wir eine Situation nicht ändern können, müssen wir uns selbst ändern."
>
> Viktor Frankl,
> Professor für Logotherapie

Gibt es ein Patentrezept dafür, wie man mit den Unsicherheiten und Unwägbarkeiten im Job und im Leben so zurechtkommt, dass man den Kopf oben behält? Nein, ein Patentrezept, das bei jedem in jeder Situation hilft, gibt es nicht. Aber es gibt Strategien, unseren Bamboo zu stärken. Strategien, die uns dabei helfen, wie der Bambus selbst heftigen Stürmen standzuhalten, ohne zu brechen. Das sind Fähigkeiten, Überzeugungen und Einstellungen, die besonders hilfreich dafür sind, auch große Krisen zu bewältigen.

Diese Fähigkeiten lassen sich stärken, und die Überzeugungen und Einstellungen können wir uns aneignen und einüben. Wir sind, wie auch neue Erkenntnisse aus der Psychologie und den Neurowissenschaften gezeigt haben, keineswegs festgelegt, ein Leben lang in der gleichen Art und Weise zu denken, zu fühlen und zu handeln. Ganz im Gegenteil: Wir sind in der Lage, uns auf geradezu unglaubliche Art an alle erdenklichen Situationen anzupassen.

Souveräner Umgang mit der Krise

Vielleicht haben Sie sich gründlich organisiert, Prioritäten gesetzt, delegiert und sind immer noch im Stress. Sie haben Fortbildungen zum Thema Selbst- und Zeitmanagement besucht, aber es hilft alles nichts – manchmal wächst Ihnen alles über den Kopf. Sie wissen einfach nicht mehr, wie Sie die ständigen Veränderungen, das hohe Arbeitsaufkommen und die unterschiedlichen Anforderungen aus Positionen über, unter und neben Ihnen bewältigen sollen. Und es fällt Ihnen schwer, all die Ansprüche mit Ihren eigenen Bedürfnissen unter einen Hut zu bringen. Vielleicht haben Sie manchmal das Gefühl, gescheitert oder ein Versager zu sein. Egal, wie gut Sie alles planen oder wie hart Sie arbeiten, es ist anscheinend nie genug. Damit sind Sie nicht allein. Viele Menschen in Ihrer Lage fühlen sich häufig überrollt, ausgelaugt und stehen dauernd unter Stress, weil sie versuchen, mehr zu tun, als sie können. Wenn Sie das Gefühl haben, viel zu viel zu tun und viel zu wenig Zeit dafür zu haben, dann könnte es gut sein, dass Sie damit recht haben: Oft gibt es wirklich zu viel zu tun. Und nicht immer ist alles zu schaffen.

Leiden gehört dazu

Zu allen Zeiten versuchte die Philosophie zum souveränen Umgang mit Leid und Krisen zu erziehen. Die antike Schule der Stoa beispielsweise war eine einzige Suche nach Resilienzfaktoren. Den großen Gelassenheits-Lehrern von Epiktet über Seneca bis Marc Aurel ging es immer um den rechten Umgang mit dem Leiden und die Suche nach dem Seelenfrieden.

Allerdings meint Resilienz nicht, dass alles Unangenehme künftig wie an einer Regenhaut an Ihnen abperlt! Das sollten Sie sich auch gar nicht wünschen: Neuropsychologen stellten vor einigen Jahren im Rahmen einer breit angelegten klinischen Untersuchung sogar fest, dass „die gänzliche Abwesenheit von Leiden bei einem Menschen als Indikator für einen pathologischen Zustand" zu werten sei. Anders gesagt: Wer gar nie leidet, der hat sie nicht alle.

Wahre Lebenskunst kann eben nicht darin liegen, das Leid zu verleugnen, die Unzufriedenheit zu unterdrücken. Leiden gehört einfach dazu. Wie resilient ein Mensch ist, bemisst sich allerdings auch daran, ob der Mensch an der Leiderfahrung wächst, und vor allem, ob er für künftige Schicksalsschläge etwas dazulernt.

Merkmale des Bamboo-Strategen

Es sind vor allem folgende Indizien, die dafür sprechen, dass jemand eine starke Fähigkeit zur Stress- und Krisenbewältigung besitzt, resilient und ein guter Bamboo-Stratege ist:

1. Der Bamboo-Stratege ist gut verwurzelt

Wir Menschen bewerten Situationen unterschiedlich: Die gleiche Situation kann, abhängig vom Typ und vom Maß der individuell ausgeprägten Widerstandskraft, entweder als harmlos oder als bedrohliche Krise und irgendwo dazwischen eingestuft werden. Dieser Umgang mit Situationen zeigt, wie stark die einzelnen Bestandteile des Bamboo ausgebildet sind.

Der Bamboo-Stratege ist gut verwurzelt, indem er Unabänderliches akzeptiert, in Verbundenheit mit sich selbst, mit seinem sozialen Netzwerk und dem großen Ganzen lebt und dem Leben mit einer positiven Einstellung gegenübersteht. Er macht sich die Umstände zum Freund, hat Humor, sieht auch in dunklen Zeiten die Sonnenseiten des Lebens und ist in der Lage, sich aus eigener Kraft in einen guten Zustand zu versetzen.

- Der Bamboo-Stratege stellt sich einer schwierigen Situation, schaut den Tatsachen nüchtern ins Auge und kann sie einschätzen.
- Er setzt sich bewusst mit seinen Fehlern und Misserfolgen auseinander und lernt daraus.
- Er macht weiter und gibt nicht auf, so lange, bis er sein Ziel

erreicht hat, oder gibt es nach gründlicher Überlegung ohne Groll auf und setzt sich ein neues Ziel.
- Er akzeptiert Unabänderliches.
- Er ist im guten Kontakt mit sich selbst und seinen Gefühlen, mit anderen und der Welt.
- Er folgt seinem persönlichen Leitstern und findet Sinn in seinem Tun.
- Er spürt Überlastung rechtzeitig und kann sie abwehren.
- Sein soziales Netzwerk gibt ihm Kraft und Ermutigung, wenn sie gebraucht wird.
- Er kann aber auch gut Unterstützung annehmen und anderen geben.
- Er hat Humor, kann auch einmal über sich selbst lachen.
- Er ist überwiegend Optimist und hat das Gefühl, die Dinge unter Kontrolle zu haben.

2. Der Bamboo-Stratege verfügt über ein starkes Ich

Der Bamboo-Stratege hat einen starken, dabei biegsamen Stamm – seinen von allen äußeren Umständen unabhängigen Kern oder sein Selbst – ausgebildet. Er ist sich seiner Stärken bewusst, achtet gut auf sich selbst und hält sich auch dann für „Okay", wenn es gerade nicht so gut läuft. Er folgt seinem persönlichen Leitstern und richtet sich an seiner Vision, seinen Werten und Zielen aus. Er sieht den Sinn in seinem Tun und vertraut auf seine Kraft. Herausforderungen sieht er als Chance und er nutzt sie wie eine Art Sportgerät, um sich an neuen Lernaufgaben zu stretchen und aus der ihm vertrauten Homezone über sich selbst hinauszuwachsen.

- Er wird schneller wieder aktiv, richtet sich nach Enttäuschungen und Phasen großer Belastung wieder auf und beginnt von Neuem.
- Er hat ein positives Bild von sich, geht davon aus, dass er „Okay" ist, und zweifelt auch dann nicht an seinem Wert, wenn er große Misserfolge verkraften muss. Er kommt nach Fehlschlägen schnell wieder mit sich ins Reine.

- Er kann sich unter allen Umständen zu mindestens einem zweiten Anlauf motivieren und lässt sich von nichts und niemand davon abhalten, seine Ziele zu erreichen.
- Versuch und Irrtum sind für ihn eher normal, er dramatisiert Misserfolge und persönliche Schwächen daher auch nicht und ist das Gegenteil einer „Dramaqueen".

3. Der Bamboo-Stratege nutzt seine Fähigkeiten und denkt in Lösungen

Der Bamboo-Stratege hat Fähigkeiten, die ihn dabei unterstützen, sich immer wieder auf die Sonnenseite auszurichten, gleich den immergrünen Blättern des Bambus, die sich im Sturm zwar heftig bewegen, aber nicht fallen: Er richtet seinen Blick konsequent auf das Machbare, denkt in Lösungen statt in Problemen und findet und nutzt auch in schwierigen Situationen immer einen Handlungsspielraum. Er ist fit für jeden Sturm und packt Herausforderungen mit großer Vitalität an. Er hat Kontrolle über seine Gefühle und sein Tun, kann im Umgang mit anderen sowohl Grenzen setzen als auch Brücken bauen. Er kann sich souverän durchsetzen, weiß, wie er sympathisch wirkt und gleichzeitig respektiert wird. Er gestaltet sein Arbeitsumfeld aktiv und schafft sich sein persönliches Biotop. Kurz: Er hat Einstellungen und Fähigkeiten, seine immergrünen „Blätter", mit denen er sich immer nach der Sonne wendet.

- Er wählt manchmal recht ungewöhnliche und kreative Wege, um selbst harte Schicksalsschläge zum Guten zu wenden.
- Er sucht nach Auswegen aus der Sackgasse und neuen Lösungen, nimmt die missliche Lage als Herausforderung an, wo andere wütend auf sich selbst sind, arge Selbstzweifel bekommen oder das Handtuch werfen.
- Er erlebt immer wieder „Flow", diesen beflügelnden Zustand, bei dem man völlig selbstvergessen und fasziniert das Gefühl für Zeit und Raum verliert und „im Fluss" ist.
- Er vertraut auf seine eigene Stärke und Kraft und ist vital.
- Er hält sich körperlich und mental fit.

- Er schaut konsequent auf Handlungsspielräume und denkt und handelt lösungsorientiert.
- Er lebt mit Schwung und weiß, dass nach einem tiefen Tal auch wieder ein Gipfel kommt. Er ist auf die Aufs und Abs des Lebens vorbereitet.

Das Einzige, was Sie brauchen um, diese Fähigkeiten auch zu bekommen, ist etwas Geduld und die Bereitschaft, sich in Ihrem Inneren etwas gründlicher umzusehen.

Der resiliente Bamboo-Stratege ist also immun gegen alle Widrigkeiten?

Nein, Bamboo-Stratege sein bedeutet ja nicht, dass man nie niedergeschlagen ist, keine Sorgen hat oder keinen Schmerz empfindet.

Nein, Bamboo-Strategen nehmen die Niederlage an, verarbeiten sie und fühlen dabei im Inneren die Gewissheit, dass es zwar wehtut, aber auch, dass es vorübergeht. Ein Bamboo-Stratege versteht es sozusagen, sich selbst zu heilen. Sie werden also auch als perfekter Bamboo-Stratege nicht nur noch die rosarote Seite des Lebens erleben. Nein, auch Bamboo-Strategen sind niedergeschlagen, wenn sie Grund dafür haben. Aber sie stehen nach einer angemessenen Trauerphase wieder auf und wachsen weiter. Und sie halten sich an die Worte des Dalai Lama, den ich sehr schätze. Der hat einmal gesagt: „Schmerz ist unvermeidlich, Leiden ist freiwillig."

Allen Stürmen standhalten

In den folgenden Kapiteln schauen wir uns an, wie Sie sich gut verwurzeln können, um allen Stürmen standzuhalten, wie Sie Ihren „Stamm", den starken Kern in Ihnen entdecken und Ihr „Ich" weiter stärken und welche Fähigkeiten und Einstellungen Ihre immergrünen Blätter sind, die Ihnen immer genügend Energie spenden, damit Sie sich stets zur Sonne wenden können.

Bamboo gibt uns tiefe Wurzeln

Bambus verwurzelt sich tief und weitverzweigt in der Erde. Das macht er so effektiv, dass man ihn fast nicht mehr loswird, wenn er einmal eingepflanzt wurde. Wer jemals einen Bambus aus seinem Garten entfernen wollte und dazu die Wurzeln in stundenlanger mühevoller Arbeit ausgegraben hat, der weiß, was ich meine …

Die Wurzeln des Bambus sind die Basis seiner Standhaftigkeit. Auch für uns sind die folgenden drei „Wurzeln" die Basis unserer Stärke, auf sie sollten wir uns im Falle eines Sturms immer als Erstes beziehen. Ohne Wurzeln kein Bambus, ohne Wurzeln keine Resilienz!

1. Wurzel: Akzeptanz – die Dinge annehmen, wie sie sind

> „Das Leben ist ein Spiel. Man macht keine größeren Gewinne, ohne Verluste zu riskieren."
>
> Christine von Schweden

Es ist der Abschied von alten Vorstellungen, das Neuorientieren und Noch-Fremdsein, das „nicht mehr das Alte und noch nicht das Neue", welches eine Krise charakterisiert. Von den tiefen

Wurzeln, die Resilienz ausmachen, ist die Akzeptanz, das Annehmen der Krise, die erste grundlegende innere Fähigkeit.

Eine Krise wird zunächst als „Einbruch" empfunden, der Aufbruch ist meist noch nicht am Horizont sichtbar. Erst einmal zieht es uns in die Tiefe, dahin, wo Angst, Traurigkeit, Hilflosigkeit oder Wut ist. Da will kein Mensch hin und schon gar nicht bleiben. Resilient werden wir aber nicht durch unreflektiertes Positivdenken. Das Motto „Don't worry, be happy!" ist als Grundhaltung für innere Widerstandskraft untauglich.

Zuerst kommt der Widerstand ...

Und trotzdem kommt die Stunde, in der wir nach dem Widerstand gegen die krisenhafte Veränderung die Dinge akzeptieren müssen, wie sie sind. „Es ist, wie es ist, mache das Beste draus!" Die Einstellung Nietzsches – „Was mich nicht umbringt, macht mich stärker" – bringt es auf den Punkt. Die Krise, die im menschlichen Leben eher der Normalfall als die Ausnahme ist, trainiert unseren „Steh-auf-Muskel", der ohne Krise verkümmern würde. Was auch immer wir tun, um uns gegen die Risiken des Lebens abzusichern, wir werden nicht darum herumkommen, dass wir immer wieder einmal Steine auf unserem Weg finden.

... dann die Akzeptanz

Wir können sie als „Prüfsteine" des Lebens anerkennen. Wir haben es stets in der Hand, ob wir einen großen Schritt über sie machen, sie beiseiteräumen oder zu Schotter zerlegen. Immer gilt: Im ersten Schritt müssen wir sie als Prüfsteine wahrnehmen, sie genau anschauen, um dann mit ihnen umgehen zu können.

Die Prüfsteine des Lebens

Prüfsteine gibt es in groß, mittel und klein: Krankheit, Tod, Verlust des Arbeitsplatzes, Konflikte, Unzufriedenheit oder Stress. Aber wir stehen im Grunde immer vor der gleichen Herausforderung: sich auf eine Veränderung neu einzustellen. Und nach jedem weggeräumten Stein haben wir an Kraft gewonnen, um noch viel größere Steine anpacken zu können!

1. Wurzel: Akzeptanz

Die vier Phasen einer Veränderung

Es ist ganz normal, wenn selbst Menschen mit einem sehr starken Bamboo erst einmal etwas Zeit für die Anpassung an eine ungewollte Veränderung brauchen. Jeder Mensch durchläuft vom Zeitpunkt eines für ihn unangenehmen Ereignisses (und fast jede Veränderung wird von uns Menschen als unangenehm bewertet – wir sind Gewohnheitstiere) bis zu seiner erfolgreichen Neuorientierung vier Phasen. Je nachdem, wie dramatisch eine Veränderung für den Einzelnen ist, sind die Phasen mehr oder minder deutlich erkennbar. Ob es um die Übernahme ungeliebter Aufgaben, um Gehaltskürzungen, die Versetzung zu einer einfacheren Arbeit oder um eine Kündigung geht, die Geschwindigkeit der Anpassung variiert ebenso wie die Stärke des Erlebens von typischen Anzeichen für die unterschiedlichen Phasen.

1. Phase: Nicht wahrhaben wollen

Bei drastischen Veränderungen gibt es nicht immer Tränen oder Wutausbrüche. Manch einer bleibt scheinbar ganz cool. Häufig verdrängen Menschen die Realität, wollen sie einfach nicht wahrhaben. Der Überbringer der schlechten Nachricht ist dann oft erst einmal erleichtert, freut sich aber manches Mal zu früh. Ein Teil der Menschen reagiert nach der ersten Schockstarre doch noch: entweder mit aggressivem Verhalten in Form von Beleidigungen und persönlichen Angriffen oder mit depressiv gefärbtem Verhalten wie Tränen, Betteln, Rückzug. Solch emotionales Verhalten wird oft als destruktiv oder peinlich eingestuft und häufig von Chefs und Kollegen als Überforderung erlebt. Allerdings ist es als Überbringer der Botschaft nicht sinnvoll, Ausbrüche dieser Art zu unterdrücken, denn für den von der Nachricht Betroffenen sind sie sehr wertvoll. Es ist der erste Schritt aus der Erstarrung – der Veränderung kann erst jetzt ins Auge geschaut werden.

2. Phase: Gegenmaßnahmen

Jetzt will der Mitarbeiter die Veränderung rückgängig machen. Er versucht zum Beispiel die Gründe infrage zu stellen, sucht Hilfe beim (gedanklich allmächtigen) Betriebsrat oder Rechtsanwalt. Seine Stimmung geht rauf und runter, mal glaubt er das Rad zurückdrehen zu können, dann fühlt er sich ohnmächtig. Sein Bestreben ist es, die alte, gewohnte Stabilität der Situation vor der Veränderung wiederherzustellen. Ein besonderes Problem ist das für Mitarbeiter, die lange im Unternehmen waren und es nicht gewohnt waren, sich öfter auf neue Situationen einzustellen. Die entstehende Hilflosigkeit macht den Mitarbeitern Angst.

3. Phase: Abschied nehmen

Jetzt wird die Veränderung endlich auch innerlich realisiert. Der Betroffene muss nun erkennen, dass er trotz seiner Anstrengungen, Verdienste und Mühen keinen Schutz vor Ungerechtigkeit aus seiner Sicht hat und sich auch keinen Schutz davor erarbeiten kann. Das ist die Ent-Täuschung – das Ende dieser Täuschungen. Viele verklären nun die Vergangenheit im Unternehmen. Die emotionale Verarbeitung ist der wichtigste Teil der Phase, denn sie ermöglicht das „Abschiednehmen". Und ohne den Abschied wird auch keine wirkliche Neuorientierung möglich sein. In Resignation zu versinken hilft genauso wenig wie Ablenkung. Das Tal muss bis in die Talsohle hinein durchschritten werden, damit es danach wieder aufwärtsgehen kann.

4. Phase: Neuorientierung

Erst wenn der Mitarbeiter seine Ent-Täuschung emotional verdaut hat und das Tal der Tränen zur Gänze durchschritten wurde, kann er sich neu orientieren. Auf dem Weg dorthin gibt er dem Geschehen einen Sinn, erobert sich sein Kontrollgefühl zurück und fühlt sich nicht länger hilflos ausgeliefert. Der gleiche Prozess verläuft bei der Genesung von Unfallopfern: Die körperliche und emotionale Wiederherstellung verläuft für diejenigen am schnellsten, die ihrem Unfall einen Sinn geben können und noch an die Wirksamkeit ihrer Handlungen glauben. Einen Sinn zu geben und das Beste daraus zu machen, das ist der Punkt, wo Akzeptanz möglich wird.

Die letzte Phase kann man an einem neuen Verhalten erkennen. Der Mitarbeiter zeigt wieder Hoffnung und Zuversicht, er engagiert sich mehr, sucht mehr Kontakt und beschäftigt sich mit seinen „wieder entdeckten" Möglichkeiten.

Die vier Phasen am Beispiel Kündigung

Die Grafik zeigt die vier Phasen am Beispiel einer der negativsten und stärksten Formen einer Veränderungsmöglichkeit im Unternehmen, der Kündigung.

„Danke an F. Horsthemke, der die Grafik in dieser Form erstellt hat"

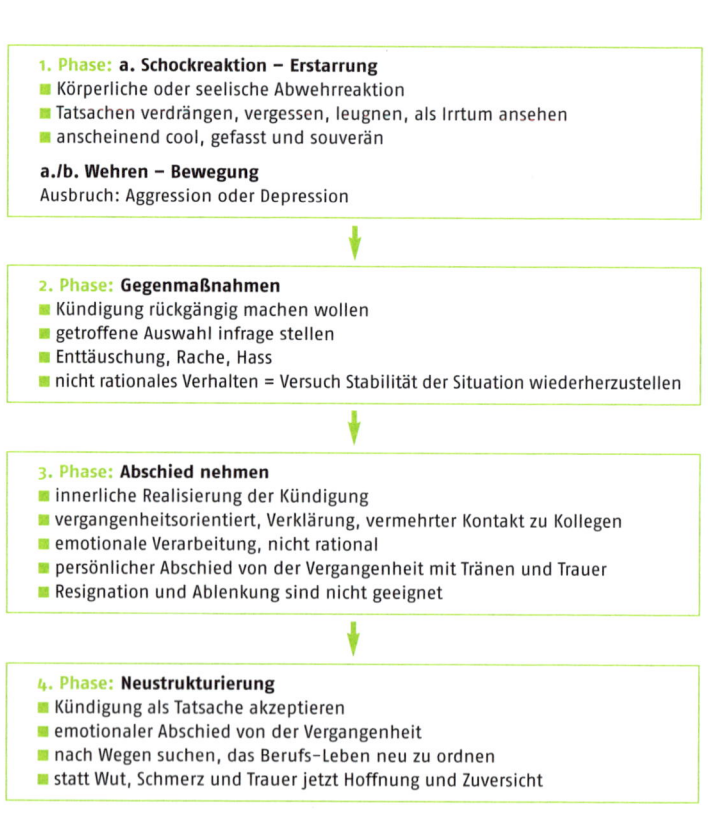

1. Phase: a. Schockreaktion – Erstarrung
- Körperliche oder seelische Abwehrreaktion
- Tatsachen verdrängen, vergessen, leugnen, als Irrtum ansehen
- anscheinend cool, gefasst und souverän

a./b. Wehren – Bewegung
Ausbruch: Aggression oder Depression

2. Phase: Gegenmaßnahmen
- Kündigung rückgängig machen wollen
- getroffene Auswahl infrage stellen
- Enttäuschung, Rache, Hass
- nicht rationales Verhalten = Versuch Stabilität der Situation wiederherzustellen

3. Phase: Abschied nehmen
- innerliche Realisierung der Kündigung
- vergangenheitsorientiert, Verklärung, vermehrter Kontakt zu Kollegen
- emotionale Verarbeitung, nicht rational
- persönlicher Abschied von der Vergangenheit mit Tränen und Trauer
- Resignation und Ablenkung sind nicht geeignet

4. Phase: Neustrukturierung
- Kündigung als Tatsache akzeptieren
- emotionaler Abschied von der Vergangenheit
- nach Wegen suchen, das Berufs-Leben neu zu ordnen
- statt Wut, Schmerz und Trauer jetzt Hoffnung und Zuversicht

Analyse der Veränderung

Wir können uns unseren Weg als eine Leiter vorstellen, deren Stufen wir Schritt für Schritt erklimmen. Manchmal bricht eine Sprosse ein, manchmal müssen wir länger auf einer Stufe pausieren und manchmal klettern wir einfach wieder runter, weil es oben gar nicht so schön ist wie ursprünglich angenommen.

Es lohnt, einen zweiten und dritten Blick zu riskieren: Wo stehe ich gerade auf der Leiter? Was ist eigentlich mit mir los? Wie ist die Sachlage? Was ist zu tun? Was auch immer Ihnen in Ihrem Job begegnet: Manche Entscheidungen von weiter oben können Sie leicht mittragen, andere kollidieren vielleicht mit Ihren Werten und es fällt Ihnen schwerer, sie zu akzeptieren und entsprechend mit Ihren Mitarbeitern umzusetzen. Einige unliebsame Gegebenheiten in immer wieder auftauchenden Veränderungsprozessen können Sie aktiv so gestalten, dass sie Ihren Vorstellungen entsprechen, einiges andere können Sie aber nur hinnehmen und als gegeben akzeptieren.

Krise ist nicht gleich Krise

Resilient sein heißt nicht nur, auf Lösungen zu fokussieren. Denn manchmal gibt es keine Lösung und die Anpassungsleistung liegt eher darin zu lernen, mit unbeantworteten Fragen zu leben.

Ein Bamboo-Stratege beherrscht die Kunst, diese beiden Möglichkeiten voneinander zu unterscheiden, und er ist in der Lage, Unabänderliches zu akzeptieren. Im ersten Schritt gilt es also, den Tatsachen nüchtern ins Auge zu sehen. Dabei ist es wichtig zu bedenken, dass das, was wir für eine Tatsache halten, meist durch unsere persönliche Wahrnehmung gefärbt ist. Die folgende Übung unterstützt Sie dabei, den Tatsachen auf die Spur zu kommen.

Tatsachen klar erkennen können

1. Wurzel: Akzeptanz

Übung: Gedanken-Check

Unsere Gedanken sind dafür verantwortlich, wie wir uns fühlen. Manchmal führen sie uns in eine Sackgasse und wir machen Denkfehler. Achten Sie also darauf, wie realistisch das Bild tatsächlich ist, das Ihre Gedanken entwerfen.

1. Entspannen

Während Sie gerade aufgeregt oder angestrengt sind, gaukeln Ihre Gedanken häufig eine viel schlimmere Situation vor, als sie tatsächlich gegeben ist. Unter Druck ist es fast unmöglich, seine Gedanken und Impulse zu kontrollieren. Machen Sie es sich zum Prinzip, erst wieder zur Ruhe zu finden, bevor Sie Ihre Gedanken bewerten. Finden und nutzen Sie eine für Sie funktionierende Entspannungstechnik.

2. Denkhorror stoppen

Unter Druck neigen wir dazu, immer gleich an das Schlimmste zu denken. Stoppen Sie furchterregendes „Wenn-dann"-Denken und ersetzen Sie lähmende Gedanken wie beispielsweise „Das kann ja nur schiefgehen" sofort durch positivere Gedanken. Übernehmen Sie den Vorsitz in Ihrem Kopf und halten Sie dagegen! Erinnern Sie sich beispielsweise an eine ähnliche Situation in der Vergangenheit, die Sie gut gemeistert haben.

3. Hemmende Überzeugungen aufspüren und überprüfen

Jeder von uns hat tief sitzende Vorstellungen davon, wie Menschen sich zu verhalten haben und wie die Dinge gemacht werden sollten. Häufig sind diese Glaubenssätze zu starr. Dann beeinflussen sie unser Denken, Handeln und Fühlen unbewusst und sind der Quell für uns zwar logisch erscheinende, aber in Wirklichkeit absolut irrationale Denkfehler.

4. Finden Sie ein C, D und F

Häufig fixieren wir uns zu stark auf nur einen Lösungsweg oder glauben, uns nur zwischen zwei Möglichkeiten A und B entscheiden zu müssen. Finden Sie weitere Lösungsmöglichkeiten, indem Sie sich die Frage stellen: Wie könnte eine Möglichkeit C, D oder F aussehen?

Versuchen Sie beispielsweise die beiden Möglichkeiten A und B zu einem C zu kombinieren oder denken Sie in eine ganz neue Richtung. Fragen Sie sich, welches C wohl Ihr Vorbild vorschlagen würde, wenn Sie es befragen würden.

Das hört sich ja so an, als müssten auch sehr resiliente Bamboo-Strategen Belastungen einfach ertragen?

Ja, genau. Es hilft ja alles nichts – jedes Tun beinhaltet immer die Gefahr, dass das Beabsichtigte nicht gelingt. Das Spiel des Lebens bringt auch Krisen mit sich. Das können und sollten wir nicht verhindern. Warum? Nun, zahllose Beispiele belegen, dass eine Krise häufig der Startpunkt für einen Durchbruch und große Erfolge ist. Nelson Mandela beispielsweise saß 28 Jahre im Gefängnis. Nach der Haftentlassung wurde er zum Staatspräsidenten Südafrikas gewählt. Dazu musste er sicher einige „Prüfsteine" zur Seite wuchten! Und wer weiß, ob er ohne die Zeit in der Haft auch Präsident geworden wäre?

2. Wurzel: Verbundenheit – in gutem Kontakt mit sich, anderen und der Welt

„Man kann sich vor anderen Menschen verbeugen und dabei größer werden."
UNBEKANNT

Die zweite wichtige innere Fähigkeit, um der beruflichen und privaten Stressfalle zu entkommen, ist, auch in diesen Situationen Kraft schöpfen zu können aus der tiefen Verbindung zu uns selbst, zu unserem sozialen Umfeld und der Welt, die uns umgibt.

Doch wenn Anforderungen von allen Seiten auf uns einprasseln, die To-do-Liste nie zu schaffen ist, Konflikte zum täglich Brot werden, dann empfindet auch der stärkste Mensch Stress. Was dann passiert, ist, dass wir versuchen, die Symptome zu lindern, indem wir die Verbindung zu uns selbst, zu anderen und zur Welt kappen.

Wir verlieren die Verbindung zu uns selbst

Als Erstes beginnen wir unseren Körper zu ignorieren. Wir „übersehen" die Warnsignale, die uns schützen sollen, und „vergessen", uns gesund zu ernähren. Wir kümmern uns weder um ärztliche Vorsorge noch um genügend Schlaf oder Fitness und hoffen, es geht auch ohne, denn wir haben ja „keine Zeit".

Der Körper lässt sich nicht auf Dauer stumm schalten!

Zunächst ermahnt er uns noch ganz freundlich im Flüsterton, und wir werden müde, vergesslich, gereizt. Wenn wir ihn jetzt noch nicht ernst nehmen, wird der Ton lauter und wir beginnen unter Schlaflosigkeit, merkwürdigen Ängsten, Rückenschmerzen oder Magengeschwüren zu leiden. Ist auch das noch nicht genug, weiß der Körper sich nur noch durch lautes Schreien zu wehren: Wir kippen um und sind mit Glück lange weg vom Fenster, ansonsten tot.

Immer wieder höre ich bei meinen Vorträgen, Coachings oder Seminaren, dass Menschen behaupten, sie hätten vor ihrem Herzanfall, Hirnschlag oder Nervenzusammenbruch keine Warnzeichen bemerkt. Die gibt es aber immer schon lange im Vorfeld. Wenn wir allerdings die Verbindung zu uns verloren haben, hören wir unserem Körper erst dann zu, wenn er schon laut schreit.

Das ist recht ähnlich, wie wenn man hofft, eine unzufriedene Lebenspartnerin, ein Freund, Kollege oder die eigenen Kinder würden eines Tages ganz von alleine aufhören zu „nörgeln". Aber auch die werden eines Tages grantig, wenn sie nicht die Aufmerksamkeit bekommen, die sie mit zunächst freundlichen Hinweisen einfordern.

Außer unserem Körper nehmen wir auch unsere sonstigen Bedürfnisse nicht mehr wahr oder versuchen sie auf „irgendwann später wenn ich mal Zeit dazu habe" zu vertagen. Immer weiter in die Zukunft. Nein, die Reise, nach der wir uns schon lange sehnen, passt jetzt nicht ins Konzept, ein Kinobesuch kostet doch nur Zeit und die genüssliche Lektüre eines guten Buches vor dem Kamin bringt mich doch auch nicht weiter. Wenn schon lesen, dann muss es wenigstens ein Fachbuch sein.

Der Wirbelsturm unseres Tagesgeschäfts zehrt unsere gesamte Aufmerksamkeit auf und lässt uns eine irrsinnige Aktivität produzieren im verzweifelten Versuch, ganz viele Aufgaben gleichzeitig zu erledigen. Ständig tun wir etwas und haben kaum noch Raum, um durchzuatmen und einfach zu sein.

Das Tagesgeschäft nimmt uns komplett in Anspruch

Dabei bleiben wir irgendwann auf der Strecke. Menschen können sich zwar gut anpassen und ziemlich lange auf den Druck, etwas tun zu müssen, reagieren. Aber wir werden dabei auf Dauer unzufrieden, weil wir uns nicht entfalten können.

Wir verlieren die Verbindung zu anderen

Wann hatten Sie das letzte Mal mit lieben Freunden (nicht Geschäftsfreunden) einen lustigen Abend? Losgelöst von allen Verpflichtungen und Plänen einfach nur fröhlich und entspannt? Schon länger her? Damit wären Sie nicht allein. Viele von uns könnten sofort eine umfassende Liste von Menschen machen, mit denen wir wirklich gerne zusammen sind, die uns zum Lachen bringen, Kraft geben und uns wirklich mögen, obwohl sie uns wirklich gut kennen. Vom Stress überrollt haben wir aber häufig gerade zu denjenigen monatelang oder noch länger keinen Kontakt, die uns am besten stärken könnten. Wir versuchen unsere Probleme ganz alleine auf uns gestellt als einsamer Held zu lösen. Nur niemanden belasten, lieber den Kontakt ganz abbrechen. Dabei sind Freunde eine besonders wichtige Wurzel, aus der unser Bamboo neue Triebe unserer inneren Kraft treibt.

Freunde – das Netz, das Sie trägt
Zahlreiche wissenschaftliche Untersuchungen haben belegt: Freunde fördern das Wohlbefinden. Freundschaften halten gesund und können die Lebenserwartung um bis zu 22 Prozent erhöhen! Voraussetzung: ein vertrautes Miteinander in gegenseitiger Anteilnahme und Fürsorge. Im Idealfall trifft man sich häufig, mindestens einmal pro Woche (siehe auch: Geo Wissen Nr. 47 „Glück", April 2011).

Wie viele Freunde ein Mensch hat, ist dabei nicht wichtig, sondern dass er überhaupt vertraute Beziehungen pflegt. Große Studien haben gezeigt, dass dies keineswegs selbstverständlich ist. Wie britische Wissenschaftler nachgewiesen haben, profitieren Sie schon bei ganz frischen und sogar bei künstlich angebahnten Freundschaften vom positiven Effekt: Die Forscher brachten Frauen, die an chronischen Depressionen litten, mit sogenannten „Bestfriends" zusammen: freiwilligen Helferinnen, die sich regelmäßig mit ihnen trafen und so etwas wie eine Freundschaft simulierten. Manchmal plauderten sie einfach mit den Probandinnen. Aber sie versuchten auch, tiefer gehende Gespräche über Gefühle zu führen. Nach einem Jahr war die Depression bei 72 Prozent der Frauen stark zurückgegangen.

In vertrauten Beziehungen – gleichgültig, ob künstlich angebahnt oder natürlich entstanden – haben Experten mehrere „Wirkfaktoren" identifiziert:

Wie Beziehungen wirken

- Die Gegenwart eines Freundes erzeugt ein Gefühl von Sinn und lindert Stress.
- Menschen treffen bessere Lebensentscheidungen, wenn jemand mitdenkt und mitfühlt.
- Sehr wichtig auch: Ein Mensch, der über seine Sorgen sprechen kann, versucht sie nicht so leicht durch Alkohol oder andere Süchte zu überdecken.

Als Faustregeln für glückliche Beziehungen wurde in einer US-Langzeitstudie Folgendes gefunden:

- Auf jede negative Interaktion zwischen den Partnern – Kritik, verletzende Bemerkungen, Feindseligkeit, Ärger – kommen mindestens fünf positive wie beispielsweise: Interesse zeigen oder einfühlsam nachfragen.
- Selbstlosigkeit: bereitwilliges Eingehen auf die Bedürfnisse des Partners auf Basis des gewachsenen Vertrauens, dass der andere zu ähnlichen Zugeständnissen bereit wäre.

Das funktioniert nicht nur in einer Partnerschaft, sondern auch am Arbeitsplatz!

Zwischenmenschliche Beziehungen haben für uns Menschen eine große Bedeutung. Eine gute soziale Einbindung erzeugt starke und anhaltende Zufriedenheit.

Man kann den Wert einer Freundschaft sogar in Euro und Cent angeben. Der Wirtschaftswissenschaftler Nattavidh Powdthavee aus Singapur analysierte dafür eine umfangreiche Befragung britischer Bürger. Powdthavee errechnete anhand der Befragungsergebnisse, wie sich ein höheres Einkommen auf das subjektive Glücksempfinden auswirkte. Außerdem stellte er fest, welchen

Der Wert von Freundschaften in Euro und Cent

2. Wurzel: Verbundenheit

Glückseffekt intensivierte soziale Kontakte hatten. Dann setzte er diese beiden Werte miteinander in Beziehung: Welche Einkommenssteigerung bräuchte es, um den durch die vermehrten Sozialkontakte ausgelösten Glücksanstieg zu erreichen?

Ergebnis: Freunde und Verwandte „an den meisten Tagen" zu treffen statt „seltener als einmal im Monat" entspricht Powdthavee zufolge dem Glücksempfinden bei einer Einkommenssteigerung von etwa 100.000 Euro jährlich! Eine vergleichbare Veränderung im Kontakt zu den Nachbarn kommt, so Powdthavee, immerhin noch einem Einkommenszuwachs von knapp 42.000 Euro gleich.

Auch interessant: Der kanadische Wirtschaftswissenschaftler John F. Helliwell hat mithilfe ähnlicher Kalkulationen herausgefunden: Verbessert sich die Beziehung zum Chef um nur einen Punkt auf einer Zehn-Punkte-Skala, entspricht das in „Glückswährung" einer Gehaltserhöhung von 40 Prozent!

Soziale Kontakte machen glücklich

In einer sozialpsychologischen Untersuchung wurde ein britisches Altenheim genauer unter die Lupe genommen: Dort gab es einen „unglücklichen" Flur, dessen Bewohner sich im Durchschnitt als weniger zufrieden einschätzten als die übrigen Heimbewohner; das Personal bestätigte diese Beobachtung. Als es zu einem Umzug kam, regten die Forscher die Bewohner des „unglücklichen Flurs" an, gemeinsam Bilder und Pflanzen für ihre neuen Gemeinschaftsräume auszusuchen. Die Männer und Frauen trafen sich mit Innenarchitekten und der Heimleitung und nahmen die Gestaltung dann selbst in die Hand. Das Ergebnis: Vier Monate nach dem Umzug verbrachten diese Alten doppelt so viel Zeit in ihren Gemeinschaftsräumen wie die Bewohner der anderen Flure, die keine Möglichkeit zur Mitgestaltung hatten. Gleichzeitig entwickelten sie sich – nach eigener Einschätzung, aber auch im Urteil der Pfleger – zur glücklichsten Gruppe des Altenheims.

Und noch etwas ist, so die Experten, bei sozialen Beziehungen glückbringend und damit resilienzfördernd: etwas für andere zu tun. Es nicht allein zu tun, sondern in Gemeinschaft, wie beispielsweise einem Verein, bringt Ihnen sogar einen doppelten Vorteil: Zum einen macht Helfen Freude und vermittelt ein Gefühl von Lebenssinn, zum anderen lassen sich auf diese Weise Freunde gewinnen. Das verstärkt die sozialen Wurzeln, die Ihre innere Widerstandskraft entscheidend stärken.

Es kommt auch darauf an, mit wem die Menschen in Ihrem Umfeld wiederum Kontakt haben: weil jeder Mensch nicht nur auf die Stimmungslagen der direkten Bezugspersonen reagiert, sondern auch auf Menschen, die diese beeinflussen.

Glück und Unglück sind ansteckend

Das konnten zwei US-Forscher – beide Experten für soziale Netzwerke – nachweisen:
- Die direkte Beziehung zu einem glücklichen Menschen steigert das selbst empfundene Glück um durchschnittlich 15 Prozent.
- Ist der Freund eines Freundes glücklich, führt das immerhin noch zu einer Steigerung von zehn Prozent.
- Selbst über drei Ecken pflanzt sich das Glück fort: Der glückliche Freund eines Freundes eines Freundes ließ es um immerhin noch sechs Prozent ansteigen.

Wichtig: Auch das Unglück erwies sich als ansteckend. Deshalb ist es für Sie wichtig, sich Miesepeter vom Hals zu halten, wenn Sie Ihre Widerstandskraft nicht gefährden wollen. Oder wollen Sie von der schlechten Laune Ihrer Arbeitskollegen angesteckt werden?

Übung „Netzwerk-Check"

Diese Übung unterstützt Sie dabei, eine der wichtigsten Kraftquellen zur Stärkung Ihres Bamboo, die Qualität Ihres sozialen Netzwerks, zu überprüfen und zu optimieren.

Schritt 1:
Nehmen Sie sich ein leeres DIN-A4-Blatt und zeichnen Sie – wie im folgenden Kasten dargestellt – einen „ICH"-Kreis, der Sie selbst symbolisieren soll.

Schritt 2:
Bitte überlegen Sie, mit welchen acht bis zwölf Personen in Ihrem Leben Sie so enge Kontakte pflegen, dass sie auf dieser Zeichnung zu sehen sein sollten.

Schritt 3:
Zeichnen Sie nun rund um Ihren Kreis weitere Kreise, die diese Personen symbolisieren, und halten Sie sich an folgende Darstellungskriterien:
- Nähe zum eigenen Kreis: Intensität der Zuneigung zu dieser Person (je näher, desto größer ist die Zuneigung)
- Farbe des Kreises: Häufigkeit der Kontakte (zum Beispiel grün – oft, gelb – durchschnittlich oft, rot – selten)
- Kreisgröße: ein gleichgroßer Kreis wie Ihr „Ich-Kreis" für Gleichrangigkeit, größere oder kleinere Kreise für Über- bzw. Unterlegenheitsgefühl

Nachdem Sie alle Personen eingezeichnet haben, überlegen Sie bitte, welche dieser Personen für Sie wertvoll sind und eine Energiequelle darstellen, welche in Ihrer Energiebilanz neutral sind und welche zu den Energieräubern gezählt werden sollten. Versehen Sie die entsprechenden Kreise dazu mit folgenden Symbolen:

Energiequelle: +
Energieneutral: o
Energieräuber: –

Auswertung
Betrachten Sie nun Ihr Bild und beantworten Sie sich folgende Fragen:

Pflege ich
- mehr nahe oder distanzierte,
- mehr gleichrangige, überlegene oder unterlegene,
- mehr häufige oder seltene,
- mehr berufliche oder private zwischenmenschliche Beziehungen?

Habe ich mehr Energieräuber oder Energiespender in meiner Nähe?
- Welche Erkenntnisse ziehe ich daraus?
- Welche Kontakte sollte ich fördern?
- Welchen Kontakten sollte ich mehr Zeit widmen?
- Welche Kontakte sollte ich nicht fördern?
- Welchen Kontakten sollte ich weniger oder gar keine Zeit widmen?

Im Vordergrund Ihrer Überlegungen sollten jene wertvollen Mitmenschen stehen, die Ihnen Kraft, Hoffnung und Energie geben.
Diese Kontakte gilt es zu pflegen: Nehmen Sie sich Zeit für sie, laden Sie sie öfter ein, besuchen Sie sie wieder einmal und schöpfen Sie auf diese Weise immer wieder neue Kraft. Gerade in hektischen Zeiten erscheint es manchmal als zu zeitaufwändig und als zusätzliche Anstrengung, lohnt sich aber garantiert!

Achten Sie auch darauf, dass Sie nicht plötzlich nur noch berufliche Kontakte haben! Es ist oft weniger entspannend, mit Geschäftskontakten die Zeit zu verbringen, nur mit Ihren privaten Freunden können Sie auch einmal ein Treffen in sehr legerer Kleidung und vollkommen ungeschminkt genießen und sich ganz so geben, wie Sie sind.

Erlauben Sie sich, darüber nachzudenken, ob es in Ordnung ist, einen Kontakt, der sich als Energieräuber herausstellt, seltener anzurufen und weniger in Ihr Leben einzubinden, als bisher. Sicher wollen Sie auch für diese Menschen da sein, vor allem, wenn Sie schon länger mit Ihnen befreundet sind. Sie müssen ja auch nicht den Kontakt komplett abbrechen, aber Sie sollten insgesamt auf Energiebalance achten, sonst haben Sie schnell nicht mehr genug Kraft – weder für Sie selbst, noch für den anderen!

Wir können uns unsere Freunde schließlich aussuchen, das ist der große Unterschied zur Familie – die sucht man sich nicht aus. Und natürlich können Sie auch innerhalb der Familie den Kontakt zu jenen Menschen verstärkt fördern, die Ihnen mehr bedeuten und mehr Energie geben. Sie dürfen und sollen dabei auf sich achten und einen gesunden Egoismus an den Tag legen, bei dem Sie sich an Ihren eigenen Bedürfnissen orientieren, ohne dabei die anderen zu vergessen.

Stellen Sie jetzt das Arbeitsblatt fertig: Verbinden Sie in Ihrer Grafik die Kreise jener wertvollen fördernswerten Freunde und Menschen mit dem „ICH"-Kreis in der Mitte, um grafisch festzuhalten, welche Kontakte Sie fördern wollen.

Halten Sie fest, was Sie beibehalten wollen und was Sie verändern oder verstärken möchten.

Übung „Beziehungskonto"

Ein Beziehungskonto funktioniert wie jedes andere Konto auch: Einzahlungen heben den Kontostand an, Abhebungen reduzieren ihn. Nur dass es hier nicht um Geld geht, sondern um Kraft spendende Beziehungen.

Höflichkeit, Zuverlässigkeit, Respekt, Anerkennung und Freundlichkeit bauen Vertrauen und gute Gefühle auf und zählen als Einzahlungen auf das Konto.

Unhöflichkeit, Unzuverlässigkeit, Respektlosigkeit, Ignorieren, Feindseligkeit, Vertrauensmissbrauch, Überreaktionen und Drohungen sind Beispiele dafür, wie Vertrauen verbraucht wird und das Konto in die Miesen geht.

Widerstandskraft bringen uns diejenigen wichtigen Beziehungen, bei denen wir ein emotionales Bankkonto unterhalten, das deutlich im Plus ist.

Wichtige Einzahlungen auf das Beziehungskonto sind:
- Verpflichtungen und Zusagen einhalten
- Erwartungen klären und erfüllen
- Verständnis zeigen
- Loyal sein
- Interesse an den Vorlieben des anderen zeigen
- Aufmerksamkeit und Anerkennung zollen
- Teilnahmsvoll zuhören statt bewerten, beurteilen, interpretieren und Ratschläge verteilen
- Sich bei Abhebungen vom Beziehungskonto entschuldigen

Reflektieren Sie nun Ihre eigenen Beziehungskonten:
1. Wählen Sie drei Personen aus, die Ihnen besonders wichtig sind – echte Schlüsselbeziehungen in Ihrem Leben.
2. Schätzen Sie den jeweiligen Stand des Beziehungskontos ein. Schreiben Sie auf, wie Sie auf jedes dieser Beziehungskonten eine große Einzahlung machen könnten.

Wir verlieren die Verbindung zur Welt

Ein typisches Zeichen für fortgeschrittene Überlastung ist nicht nur der Verlust der Verbindung zu uns selbst und zu anderen, sondern auch der Wunsch, sich insgesamt von der Welt zurückzuziehen. Wir haben alles Mögliche getan, um die Dinge in den Griff zu bekommen, haben es mit ABC-Priorisierung, besserem Delegieren oder diversen Zeitmanagementtools versucht. Aber irgendwann machte sich Resignation breit: Alle Bemühungen haben nichts gefruchtet, denn es gibt immer noch zu viel zu tun. Manch einer verliert schließlich vollends die Orientierung, sieht keinen Sinn mehr in dem, was er tut, zweifelt an sich und allem um sich herum und verliert schließlich jegliche Hoffnung, dass es sich lohnt, Teil der Welt zu sein.

Zeit für eine echte Lösung

Paradoxerweise führen viele der Strategien, die uns eigentlich entlasten sollen, erst dazu, dass wir die Verbindung verlieren, wodurch wir uns noch schlechter fühlen. Bei dem manchmal vollkommen sinnlosen Versuch, alles zu erledigen und trotz Krisen einwandfrei zu funktionieren, schließen wir nicht nur unsere wahren Gefühle aus, sondern haben auch keinen Kontakt mehr zu all dem, was wir eigentlich sind und wirklich wollen.

Wir merken das lange gar nicht und später lange nur als diffuse Unzufriedenheit, von der wir keine Ahnung haben, wie wir sie in den Griff bekommen sollen. Wir geraten in eine Art Robotermodus, der ziemlich lange für gutes Funktionieren sorgt. Grundsätzlich ist es für eine begrenzte Zeit eine gute Einrichtung unseres Innenlebens, dass wir unter Hochdruck auf den Robotermodus oder Autopilot umschalten können – dazu braucht es die Abkapselung von unseren Bedürfnissen. Auf Dauer aber werden wir dabei krank.

Grundvoraussetzung: Mit sich selbst in Kontakt kommen

Um dem entgegenzusteuern, gilt es wieder in Kontakt zu kommen. Als Erstes zu uns selbst. Die Verbindung mit uns selbst ist die Voraussetzung für die Verbindung zu den uns wichtigen Menschen und für die Verbindung zur Welt.

Um die Verbindung zu uns zu erhalten oder wiederherzustellen, braucht es Phasen der Ruhe und Stille, Zeiten des „ganz bei sich"-Seins. „Heute mach ich mal einen ruhigen Abend." Das sagen wir oft. Und dann machen wir den Fernseher an, telefonieren, hören Musik oder sitzen noch am Computer. Alles prima. Aber echte Ruhe hat noch eine ganz andere Qualität: Es ist die Zeit, in der wir nichts anderes tun, als mit uns, unseren Gefühlen und Gedanken allein zu sein.

Was mache ich, wenn mir alles über den Kopf zu wachsen droht?

Erst einmal Innehalten und Runterkommen. Nehmen Sie sich Zeit zum Durchatmen, egal wie viel noch zu tun ist. Wenn die To-do-Liste sowieso nicht zu schaffen ist, stellen Sie das Thema Verbundenheit in den Vordergrund. Pflegen Sie den Kontakt zu sich selbst, mit dem Netz, das uns trägt, und mit der Welt. Vertrauen Sie darauf: Dabei werden Sie neue Kraft schöpfen. Gerade dann, wenn Ihnen alles über den Kopf zu wachsen droht und Sie das Gefühl haben, dafür keine Zeit aufwenden zu dürfen! Es ist der einzige Weg, der Stressfalle zu entfliehen! Enge, stabile und sichere positiv-emotionale Beziehungen zu mindestens einer Bezugsperson sind, wie unzählige Forschungsergebnisse eindrücklich nachweisen, die zentralste Kraftquelle für Resilienz. Außerdem brauchen Sie überzeugende Vorbilder, die Sie zu aktivem Bewältigungsverhalten ermutigen und anregen. Lesen Sie Biografien von Menschen, die drastische Situationen mit Erfolg überwunden haben – das wird Sie beflügeln!

2. Wurzel: Verbundenheit

3. Wurzel: Positive innere Einstellung – das Gute wahrnehmen

> „Nicht die Dinge selbst beunruhigen uns,
> sondern die Meinung, die Vorstellungen,
> die wir von den Dingen haben."
>
> EPIKTET

Ein weiterer wichtiger Resilienzfaktor ist die Fähigkeit, belastenden Umständen eine positive Einstellung entgegensetzen zu können. Es ist Ihre Einstellung, die darüber entscheidet, ob Sie sich unter Druck gut anpassen können und unter Stress die gleiche Leistung bringen wie ohne Stress, oder nicht.

Was ist mit positiver Einstellung gemeint? Es bedeutet, das „Gute im Schlechten" als Chance zu sehen, sich selbst gut zureden zu können, ein positives Menschenbild und die Fähigkeit zu haben, sich von Problemen zu distanzieren, sich nicht überwältigen zu lassen und gelassen zu bleiben. Dabei hilft Humor, die Gelegenheit, die Umstände zumindest teilweise zu verarbeiten. Die Hoffnung und der Glaube daran, dass alles wieder gut wird, geben Halt, Kraft und Ausdauer, widrige Umstände besser zu ertragen und zu bewältigen.

Der emotionale Schutzschild Eine positive Einstellung hilft Ihnen auf vielfältige Weise. Vor allem baut sie einen emotionalen Schutzschild auf – wer jeder Situation positiv entgegentritt, kann kaum noch ernsthaft getroffen werden. Die positive Sicht auf die Dinge baut Reserven auf, auf die wir bei Widrigkeiten zurückgreifen können. Was andere verletzt oder sogar umwirft, prallt an Ihnen ab. Die Geschehnisse um Sie herum relativieren sich und Ihr Fokus bleibt bei dem, was trotz allem positiv ist. In guter Stimmung kann man Berge versetzen, weil uns selbst große Aufgaben nicht verschrecken – im Fokus stehen die Möglichkeiten, nicht die Schwierigkeiten. Kaum etwas lähmt unsere Leistungsfähigkeit mehr, als wenn die eigene Gemütslage im Keller ist. Was mit guter Laune in kürzester Zeit gelingt, braucht jetzt ewig lange oder wird nie etwas.

Wenn wir in guter Stimmung sind, werden wir eher gemocht; Freundschaft, Liebe und Verbundenheit, die zu unseren stärksten Kraftquellen zählen, entstehen schneller und leichter. Positive Menschen wirken anziehend und geben Kraft. Nelson Mandela, der fast drei Jahrzehnte in Gefangenschaft lebte, wurde trotz allem der erste schwarze Präsident seines Landes und erhielt den Friedensnobelpreis. In seinen Memoiren beschreibt er, wie hart die Zeit im Gefängnis war, aber er schreibt auch: „Je bedrohlicher es wurde, desto mehr haben wir darauf geachtet, mit Menschen zusammen zu sein, die ein heiteres und sonniges Gemüt hatten. Sonst hätten wir die Jahre nicht überlebt."

Positiv macht attraktiv

Eine positive Einstellung macht uns nicht nur einnehmender, sondern auch toleranter und kreativer. Wir werden offener für neue Ideen und neue Erfahrungen und suchen kreativer nach Auswegen. Optimisten sind besser motiviert als andere und machen sich weniger Sorgen. Darüber hinaus haben Optimisten in schwierigen Situationen ein längeres Stehvermögen, sind belastbarer und aktiver. Probleme werden deshalb nicht ausgeblendet oder ausgeklammert, sondern wir schaffen damit ein Gegengewicht zur negativen Sichtweise, die uns schwächt. Wir werden sogar wissenschaftlich nachgewiesen widerstandsfähiger:

Positiv macht kreativ

100 Menschen wurden gegen Grippe geimpft. Vor der Impfung wurden 50 Menschen in eine positive Stimmung versetzt, die anderen 50 Menschen wurden mit einem negativen Ereignis konfrontiert. Beide Gruppen wurden einem bildhaften Verfahren unterzogen, mit dem man die Hirnaktivität sichtbar machen konnte. Bei denjenigen, bei denen negative Emotionen sichtbar wurden, wirkte die Impfung nur schwach, es wurden nur wenige Antikörper gebildet. Anders bei denjenigen, bei denen positive Emotionen angezeigt wurden: Die Impfung wirkte stärker, es wurden viele Antikörper gebildet und damit ein besserer Schutz aufgebaut. (Quelle: Psychologie Heute, Ausgabe 1/2004)

Wissenschaftliche Beweise

Einer der Väter der positiven Psychologie, M. Seligman, hat gemeinsam mit anderen Forschern nachgewiesen, dass Optimisten gesünder, erfolgreicher und leistungsfähiger sind. Sie spüren weniger Stress, geben seltener auf, ärgern sich weniger und sind seltener deprimiert. Sie haben weniger Angst, fühlen sich seltener einsam, leiden weniger unter altersbedingten körperlichen Beschwerden und sie leben länger. Zu seinen Forschungsergebnissen zählen die folgenden Faktoren, die einen Optimisten auszeichnen: Optimisten leben die Grundeinstellung, dass ihnen das Leben mehr Gutes als Schlechtes bescheren wird. Sie halten Niederlagen für vorübergehend und gehen davon aus, dass sie diese in absehbarer Zeit bewältigen. Sie sehen Niederlagen als Rückschläge, die nur auf diesen besonderen Fall beschränkt, also einmalig, sind, und schieben sich selbst nicht automatisch die Schuld für eine Niederlage zu. Stattdessen überprüfen sie genau, in welchem Umfang auch die Umstände oder andere Menschen dafür verantwortlich sind. Sie ziehen sich nicht jeden Schuh an. Schwierige Situationen gehen sie einfach aktiv als eine Herausforderung an, die besondere Anstrengung verlangt.

Folgen einer negativen Grundeinstellung

Negativbeispiel „Fritz"

Viele von uns kennen einen Menschen, nennen wir ihn „Fritz", der diese postive Grundeinstellung nicht nötig zu haben scheint: Was auch immer passiert, nichts scheint ihn zu kratzen. Er verliert seine Frau nach 15 Jahren Ehe, das Haus und die Kinder sind auch weg. Nach wie vor verdient er viel Geld und seine Aufträge werden immer lukrativer und interessanter. Aber das Leben freut ihn nicht, er findet keine Zufriedenheit. Freunde hat er keine, er konzentriert sich ausschließlich auf die Arbeit, schaltet auf den vollautomatischen Robotermodus und verlässt sich ausschließlich auf die Kraft seiner unbedingten Disziplin.

Von positiver Einstellung keine Spur: Kaum jemand mag ihn, er kann sich selbst nicht leiden. Er lächelt selten und sein Missmut hat sich in sein graues Gesicht in tiefen Falten eingegraben. Er fühlt sich leer und klagt immer wieder darüber, dass er keinen Sinn darin sehen kann, was er tut. Für wen? Für was? Er weiß es nicht.

Trotz allem macht er unbeirrt weiter und steht immer wieder auf. Ist das resilient? Nein, der Preis, den ein Fritz zahlt, ist hoch. Resilienz ist nicht zwangsläufig an das, was wir meist unter Erfolg verstehen, gekoppelt! Resilienz beinhaltet mehr als gutes Geld zu verdienen und von der Gesellschaft als erfolgreiches Mitglied anerkannt zu werden. Resilienz schließt diese Art von Erfolg nicht aus. Aber sie beinhaltet mehr: Ein resilienter Mensch ist immer wieder rundum zufrieden mit sich und der Welt, betrachtet sich insgesamt als glücklich, wird von Freunden gemocht und von Kollegen geschätzt und empfindet Dankbarkeit, selbst wenn er keinen Zugriff auf alle Güter dieser Welt hat. Er unterscheidet zwischen Sein und Haben. Er beschäftigt sich mit seinem Innenleben, kennt seine Stärken, seine Werte und Motive. Sein Tun ist von Werten geleitet und er kennt sein „Wozu" – den Sinn seines Tuns. Das macht ihn zufrieden und unabhängig von materiellen Gütern.

Resilienz sieht anders aus

Oft verläuft es leider auch so wie bei Frau Nau: Schon in der Schulzeit klappt alles verdächtig reibungslos. Frau Nau passt ihre Bedürfnisse an das Vernunftdenken ihrer Eltern an. Doch auch nach der Schule wagt sie den Sprung, ihren Interessen nachzugehen, nicht – statt Tiermedizin soll ihr eine kaufmännische Ausbildung die gewünschte Sicherheit bringen. Dann studiert sie doch noch: BWL. Sie macht Karriere und auch die verläuft ganz nach Plan. Das immer wieder auftauchende ungute Gefühl in der Magengegend und die Unzufriedenheit, die sie manchmal überfällt, drückt sie weg. Es läuft doch perfekt – zumindest im Job. Für einen Freund hat sie keine Zeit, die Kontakte zu Freunden und zur Familie werden immer weniger. Sie folgt weiter der Stimme, die sie für die Stimme der Vernunft hält.

Vernunftdenken macht nicht resilient

Was ihr an Privatleben fehlt, kompensiert sie mit noch mehr Arbeit. Das Gehalt wird sechsstellig, aber die Wochen rauschen nur noch an ihr vorbei, Monate, Jahre. Nach elf Jahren dann der Zusammenbruch: Erst sind es „nur" starke Schmerzen im Rücken, die sie mit Schmerztabletten in den Griff bekommt, dann Panik, weitere Schmerzen, Niedergeschlagenheit. Schließlich rauscht sie in eine Depression, die sich schnell nicht mehr übergehen lässt. Eines Tages schafft sie es nicht mehr zum Flieger, bleibt einfach im Bett liegen und heult Rotz und Wasser. Sie kommt nicht mehr an einem längeren Aufenthalt in einer Klinik vorbei. Jetzt hat sie viel Zeit, sich mit ihren Bedürfnissen auseinanderzusetzen.

Manchmal ist weniger mehr

Resilient ist, wer es nicht so weit kommen lässt oder danach die Lebensrichtung zumindest korrigiert. Nach ihrem Klinikaufenthalt orientiert sich Frau Nau komplett neu. Heute hat sie weniger Geld zur Verfügung, aber sie ist glücklich, den Mut gehabt zu haben, ihr Leben grundlegend zu ändern. Sie lebt mit ihrem Partner in einer kleinen Stadt und hat sich mit einem Spezialversand für Genießer feiner Delikatessen selbstständig gemacht. Und die Freunde, für die sie jetzt Zeit hat, kennen sie gar nicht als die Karin Nau, die immer nur gehetzt im Stehen Fast Food verschlingt, sondern als aktives, gut gelauntes und zufriedenes Mitglied der Slow-Food-Vereinigung. Sie schaut optimistisch in die Zukunft, freut sich an den schönen Dingen des Lebens und ist dankbar dafür, dass es ihr endlich gut geht.

Wie Sie an Ihrer positiven Einstellung arbeiten können

1. Entmachten Sie Miesmacher und Rechthaber

Manche Menschen tragen sozusagen geistige Scheuklappen: Worüber sie auch nachdenken und sprechen, es sind negative Dinge. Sie sehen nur die Probleme, die sie haben, was ihnen fehlt und was möglicherweise schiefgehen könnte. Sie blenden dabei alles aus, was gut ist.

Wenn Sie fröhlich vom fantastischen Wetter sprechen, kommt garantiert: „Ja, aber morgen soll es schon wieder regnen." Wenn Sie motiviert an der Lösung für ein kniffliges Problem arbeiten, sagen sie: „Das geht nicht, das ist nicht zu schaffen, hör auf zu träumen." Wenn Sie mit Begeisterung von Ihren Plänen sprechen, legt sich die Stirn des Miesmachers in traurige Falten und er sagt: „Also, ich würde mir das noch mal gründlich überlegen, da kann sonstwas passieren." Rechthaberei und Oberlehrertum kann ebenso an die Nerven gehen, wie muffelige Maulfaulheit ganze Arbeitsbereiche in einen emotionalen Sumpf verwandeln kann, und die Fähigkeit mancher gefrusteter Zeitgenossen, Sie als Deponie für ihren Seelenmüll zu missbrauchen, grenzt an seelische Körperverletzung.

Halten Sie sich solche Menschen nach Möglichkeit vom Hals! Oder schotten Sie sich so gut es geht ab, um sich von deren Verhalten nicht beeinträchtigen zu lassen. Denn den größten Einfluss auf unsere Stimmung haben – außer uns selbst – die Menschen, mit denen wir zusammen leben und arbeiten. Was andere Menschen tun und sagen, löst in uns etwas aus – im positiven, aber auch im negativen Sinne.

2. Entkommen Sie dem „Schlechte-Laune-Sog"

Sicher haben Sie auch schon erlebt, wie die gute Laune von Menschen um Sie herum auf Sie überschwappt. Genau das Gleiche passiert eben auch mit schlechter Stimmung. Jeder Kontakt mit einem Jammerer, Lästerer, Negativschwätzer kostet Ihre Energie und übt einen Sog auf Sie aus, der Ihre Leistungsfähigkeit hemmt.

Warum ist das so? Die schlechte Stimmung von anderen färbt leicht auf Sie ab. Mit verantwortlich sind dafür Spiegelneuronen – spezielle Nervenzellen im Gehirn, die uns fühlen lassen, was andere fühlen. Dieser Vorgang läuft spontan und meist unbewusst ab und wird auch „Resonanzphänomen" genannt. Wenn Sie einem Menschen begegnen, der schlecht gelaunt ist, werden Ihre Spiegelneuronen mit Hilfe von Neurotransmittern aktiviert und stellen eine Simulation der inneren Zustände des Gegenübers her. Eigentlich ist dieses Phänomen dafür gedacht, dass Sie in der Lage sind, sich in jemand anderen einzufühlen und dessen

Stimmungen färben ab

Stimmung nachzuvollziehen. Ihr Gehirn achtet dabei aber nicht darauf, ob es für Sie gerade sinnvoll ist und ob der Mensch Ihnen wichtig genug ist, dass Sie gerne Ihre Energie mit ihm teilen!

Diese Entscheidung müssen Sie steuern. Damit Sie nun nicht selbst in der schlechten Laune des anderen hängen bleiben, müssen Sie sich klarmachen, dass Ihr eigenes Gehirn lediglich Informationen über den Zustand des anderen liefert und dass dieser Zustand nichts mit Ihrem eigenen Befinden zu tun hat. Nur wenn Sie sich das bewusst machen, werden Sie aus dem „Schlechte-Laune-Sog" wieder aussteigen können und die eigene vorübergehend gefühlte schlechte Laune als das begreifen, als was sie gemeint war: als Information darüber, wie es dem Gegenüber gerade geht. Erst das Bewusstmachen ermöglicht Ihnen, eine Entscheidung zu treffen: Sind Sie selbst gerade in der Verfassung, um auf die Stimmung einzugehen? Ist der Mensch Ihnen nahe genug, dass Sie ihm von Ihrer Energie abgeben wollen? Oder halten Sie ihn lieber auf Distanz?

Mit dem Denken fängt es an

Wie stark der Einfluss aus dem Umfeld wirkt, wurde mir persönlich besonders drastisch während meiner Ausbildung zur Lehrtrainerin im Neurolinguistischen Programmieren bewusst: Der Ausbilder machte mit uns ein Experiment, dem ich sehr skeptisch gegenüberstand, weswegen ich mich als freiwillige Versuchsperson zur Verfügung stellte. Ich stehe also vor der Gruppe und werde gebeten, meinen Arm waagerecht von mir zu strecken und oben zu halten. Ich soll an etwas Angenehmes denken und der Ausbilder versucht meinen Arm nach unten zu drücken. Es gelingt ihm nicht – ich habe die Kraft, ihn oben zu halten. Dann soll ich an etwas Negatives denken und wieder drückt er auf meinen Arm. Dieses Mal kann ich den Arm nicht oben halten. Jetzt bittet er einen anderen Teilnehmer des Lehrgangs, sich neben mich zu stellen. Er soll abwechselnd etwas Positives und Negatives denken, indem er sich angenehme und unangenehme Situationen vor sein inneres Auge holt. Ich kann es kaum fassen, dass ich jedes Mal ganz schwach werde, wenn er etwas Negatives denkt. Es reicht, dass er es nur denkt, er sagt nichts dazu! Und es reicht, dass er dabei nur neben mir steht! Ich kann meinen Arm nicht mehr halten, sobald er an etwas Negatives denkt! Das hat mich damals so beschäftigt, dass ich daraufhin einen Menschen aus meinem Umfeld entfernt habe, in dessen Nähe ich mich schon länger zunehmend ungut fühlte. Ich hatte schon oft über ihn gesagt, dass ich mich in seiner Gegenwart wie „heruntergedimmt" gefühlt habe. Und tatsächlich: Nachdem ich mit dieser Person nichts mehr zu tun hatte, kehrten meine Kräfte spürbar wieder zurück.

Wenn Sie ein ähnliches Gefühl bestimmten Menschen gegenüber haben, wenn Sie das Gefühl haben, dass Miesepeter Ihre Energie rauben, dann wissen Sie jetzt: Da ist was dran. Es gibt Menschen, die sind wie Schädlinge an einem jungen Bambustrieb. Begrenzen Sie den Kontakt zu Schädlingen dieser Art so weit es geht, ohne unhöflich zu sein.

Halten Sie sich von Schädlingen fern

Und so gelingt Ihnen das ...
... bei „Zombies":
Leider ist es nicht immer möglich, die Mieslinge dieser Welt auf Abstand zu halten. Oder fahren Sie nie mit dem Zug? Sicher sind Sie auch einmal in einer Arztpraxis oder bei einem Meeting oder im Aufzug mit mies gelaunten Kollegen. Sicher kennen Sie Situationen, in denen Sie sich kaum des Eindrucks erwehren können, dass eine Schar von Zombies auf dem Weg zum Friedhof unterwegs ist. Starre Gesichter, kein Lächeln, verkrampftes Schweigen.

- Was machen Sie dann? Machen Sie sich unabhängig und setzten Sie dem Trübsinn etwas entgegen.
- Auch wenn niemand in Ihrer Nähe freundlich grüßt und lächelt, Sie können es! Freuen Sie sich an der verblüffenden Wirkung: Ihre Mitmenschen werden wieder zu lebendigen Wesen, lächeln zurück und schon herrscht eine völlig andere Atmosphäre.
- Beschäftigen Sie Ihren Geist mit etwas, das Sie weiterbringt. Denken Sie über ein Thema nach, für das Sie eine Lösung suchen, oder beamen Sie sich gedanklich an den Tisch mit

3. Wurzel: Positive innere Einstellung

Freunden, mit denen Sie beim letzten gemeinsamen Essen so viel Spaß hatten.
- Basteln Sie sich mit der Kraft Ihrer Vorstellung eine gedachte Schutzhaut. Stellen Sie sich beispielsweise vor, wie ein warmes Licht in Ihrer Lieblingsfarbe Sie umhüllt und alles abwehrt, das Sie schwächt.
- Zählen Sie geistig eine Liste Ihrer Erfolge auf oder überlegen Sie sich die drei wichtigsten Dinge, für die Sie dankbar sind.

Wenn das alles nicht hilft und Sie merken, wie die miese Atmosphäre an Ihnen gekratzt hat, tun Sie sich wenigstens so bald wie möglich nach der Situation etwas Gutes zum Ausgleich und um Ihren Stimmungsakku wieder aufzuladen. Womit könnten Sie sich heute eine Freude machen? Tun Sie es!

... bei „Gefühlsterroristen":

Versuchen Sie sich klarzumachen, dass es den meisten Gefühlsterroristen nicht bewusst ist, dass sie nerven – sie meinen es nur in seltenen Fällen böse. Oft ist es nur Gedankenlosigkeit oder ein Zeichen von Überlastung.

- Wenn Sie gezwungen sind, regelmäßig mit so einem zusammenzuarbeiten, lohnt es sich, zunächst freundlich eine Andeutung zu machen, was Sie stört.
- Nützt das nichts, werden Sie etwas deutlicher und sprechen Sie das Verhalten sehr klar an. Bleiben Sie höflich und ruhig, aber sagen Sie, was Ihnen unangenehm ist und was Sie nicht mehr erleben wollen. Führen Sie ein solches Gespräch aber unbedingt unter vier Augen, sonst fühlt sich Ihr Gegenüber nur noch zusätzlich angegriffen und bloßgestellt. Wenn Sie Ihr Anliegen als konkrete Bitte, gepaart mit einer sachlichen Begründung formulieren, kommen Sie fast immer ans Ziel: „Können Sie bitte auf Ihre sicher gut gemeinten Ratschläge verzichten? Ich fühle mich davon angegriffen. Sie würden mir sehr helfen, wenn wir uns darauf einigen könnten, dass ich Sie frage, wenn ich einen Rat brauche. Vielen Dank!"
- Wenn eine solch liebenswürdige Ansprache nicht weiterhilft oder wenn Sie feststellen, dass hinter dem Verhalten bösarti-

ge Absicht steckt, bleibt Ihnen nur noch, dem anderen Grenzen zu ziehen und einen richtigen Streit in Kauf zu nehmen. Natürlich kostet eine solche Konfrontation Kraft – aber eben nur einen Bruchteil dessen, was Sie an Kraft einsetzen müssten, wenn Sie dieses Verhalten weiter hinnehmen würden. Machen Sie dem anderen klar, dass Sie nicht nachgeben werden: „Ich habe Ihr Verhalten lange Zeit ertragen. Ich habe Ihnen auf freundliche Art gesagt, wie sehr es mich stört. Sie haben das ignoriert. Jetzt ist Schluss mit lustig. Ich möchte ab sofort keinerlei Ratschläge mehr von Ihnen hören. Lassen Sie das sofort! Wenn Sie so weitermachen, werde ich richtig sauer!" Legen Sie dabei kräftigen Nachdruck in Ihre Worte, ohne dabei das Toben anzufangen. Auch dann nicht, wenn der andere ausfallend werden sollte! Ja, es gibt Menschen, bei denen selbst dieses Vorgehen nicht fruchtet. Die meisten Menschen reagieren aber mit Rückzug, sobald sie merken, dass es Ihnen ernst damit ist und dass Sie sich ihr Verhalten nicht mehr bieten lassen.

- Was Sie darüber hinaus noch versuchen können: Tun Sie genau das, was Sie an dem anderen so stört, in übertriebener Form so lange mit Ihrem Gegenüber, bis er es lässt. Geben Sie ihm wann immer Sie ihn sehen einen Ratschlag nach dem anderen und seien Sie ruhig ein wenig ironisch dabei.

... beim eigenen Chef:

Dem eigenen Chef gegenüber gelten andere Regeln, da sollten Sie weniger drastisch auftreten. Allerdings sollten Sie sich auch da nicht alles gefallen lassen, das sorgt nur dafür, dass sich die Unverschämtheiten immer weiter steigern und bei null Reaktion Ihrerseits die Achtung vor Ihnen endgültig verloren geht. Eine Reaktion, die Sie sich immer erlauben können und die sehr gut funktioniert, ist die gelassene Trennung zwischen Ihrer Person und der Stimmung Ihres Chefs „Oh, war Ihr Tag so schlimm, Herr Maier? Das tut mir leid. Ich glaube, ich komme besser später noch einmal wieder." Oder „Herr Müller, wir verlieren an Höhe!" Beides höflich und ruhig. Und dann den Raum verlassen. Zur Toilette dürfen Sie immer müssen.

3. Füllen Sie Ihr Kraftkonto auf
Umgeben Sie sich mit Menschen, die Ihnen mit Wohlwollen begegnen, die Ihnen positive Botschaften über Sie selbst senden, die Ihnen zeigen, dass sie viel von Ihnen halten, Sie schätzen und an Sie glauben. Nur so entwickeln Sie eine positive Einstellung und innere Kraft, nur so wird Ihr Kraftkonto gefüllt. Da haben manche Menschen ganz wenig überwiesen bekommen, und das ist häufig der Grund, warum sie Gefühlsterroristen geworden sind.

Als Erwachsene haben wir den Vorteil, dass wir unser Umfeld aktiv gestalten können. Wir können und müssen steuern, wer uns umgibt, wer uns mit welchen Botschaften versorgt. Wir können kleinmachende und schwächende Kontakte beenden oder minimieren und stärkende Beziehungen suchen und intensivieren. Auf diese Weise haben wir einen starken Einfluss auf die Einzahlungen auf unser Kraftkonto. Und wir brauchen ein prall gefülltes Kraftkonto, um den Stürmen in unserem Arbeitsleben standhalten zu können. Nehmen Sie also das Steuer in die Hand und sortieren Sie schwächende Stimmungsverschmutzer aus. (Dabei unterstützt Sie die Übung „Netzwerkcheck" im Kapitel „Verbundenheit".)

4. Machen Sie sich klar, wie gut es Ihnen geht
Wenn sich die Dinge überschlagen und ich in Stress gerate, überschwemmt mich manchmal eine Welle von Selbstmitleid: „Mir ist das alles zu viel. Ich habe jetzt keine Lust mehr. Andere können schon wieder Urlaub machen, und ich? Ich habe keine Zeit dafür. Ich würde am liebsten aussteigen und nur noch Hunde züchten …" Was mir persönlich hilft, ist, in solchen schwachen Momenten das Hörbuch von Viktor Frankl mit dem Titel „Trotzdem Ja zum Leben sagen – ein Psychologe erlebt das Konzentrationslager" zu hören. Ich fahre ja sehr viel mit dem Auto zu Kunden und manchmal lege ich es ein. Spätestens wenn ich zu einer Stelle komme, wo dieser Mann, der seine gesamte Familie verloren hat, beispielsweise schildert, wie er mit neun weiteren Häftlingen auf einem zwei auf zwei Meter breiten Brett ohne

Matratze, mit den eigenen dreckigen Schuhen als Kissen, ohne Decke, ohne Heizung dicht an dicht wie die Ölsardinen versucht zu schlafen, dann weiß ich wieder, wie gut es mir geht, und ich komme mir mit meinem Selbstmitleid lächerlich vor.

Für mich funktioniert es, vielleicht mögen Sie es einmal ausprobieren und es hilft auch Ihnen. Vielleicht aber auch nicht, es ist individuell unterschiedlich, womit sich ein Mensch wieder aus einem Loch holt.

5. Programmieren Sie Ihr Gehirn auf „positiv"

Was Ihre Gefühle und Gedanken aber auf jeden Fall positiv beeinflusst, ist die bewusste Lenkung der eigenen Aufmerksamkeit durch Fragen, mit denen man sich selbst und andere mental steuern kann. Es macht einen Unterschied, ob ich die Teilnehmer in meinen Seminaren oder Coachings frage: „Was hat Ihnen nicht so gut gefallen?" oder ob ich frage: „Was hat Sie heute weitergebracht?" Mit Fragen steuere ich die jeweiligen Schubladen im Gehirn an und sorge dafür, dass alle anderen Schubladen geschlossen bleiben. Im ersten Fall wird ein Teilnehmer sich sofort auf die Suche nach allem Negativen machen, das ihm nicht gefallen hat, im zweiten Fall liegt der Fokus aber ausschließlich auf dem, was gut und richtig für ihn war.

6. Grinsen Sie

Dem menschlichen Geist ist es fantastischerweise auch möglich, von jetzt auf gleich gute Gefühle zu zaubern, indem Sie einfach so tun, als ob Sie diese schon hätten, denn Ihr Gehirn kann nicht unterscheiden, was wahr ist oder nicht – es entsteht sowieso alles in Ihrem Kopf und was Realität ist, ist jederzeit verhandelbar.

Aus der Embodimentforschung ist folgende Untersuchung bekannt: Stellen Sie sich drei Gruppen mit der jeweils gleich großen Anzahl von Menschen vor. Allen Teilnehmern an diesem Experiment wurde gesagt: „Es gibt Menschen mit Körperbehinderungen, die verschiedene Aufgaben mit Körperteilen ausführen kön-

Beispiel Embodiment

nen, die normalerweise für diese Aufgaben nicht benutzt werden. Wir suchen nach geeigneten Ersatzmöglichkeiten für die Fähigkeit, einen Stift mit der dominanten Hand zu halten. Zu diesem Zweck versucht nun Gruppe 1, einen Stift mit der nichtdominanten Hand zu führen, also der Hand, die sie normalerweise nicht zum Schreiben verwenden, Gruppe 2, einen Stift mit den Lippen zu führen, und Gruppe 3, einen Stift mit den Zähnen zu führen." So instruiert, sollte nun jede Gruppe eine Reihe von Aufgaben erledigen, zum Beispiel Linien ziehen, Punkte verbinden und Buchstaben unterstreichen.

Woran erinnert Ihre Mimik entfernt, wenn Sie den Stift nur mit den Zähnen halten? Genau, an ein breites Lächeln. Und genau darum ging es den Psychologen auch in Wirklichkeit: Sie wollten herausfinden, inwieweit allein schon die Simulation eines Lächelns Auswirkung auf die Stimmung der Probanden hat und diese positiv beeinflusst. Die Geschichte mit den Körperbehinderten war nur eine sogenannte „Cover-Story", ein in psychologischen Untersuchungen gebräuchliches Täuschungsmanöver. Das Ziehen der Linien etc. war ebenfalls nur Teil der Cover-Story, damit die Versuchspersonen wenigstens eine Minute in „Lächelstellung" blieben.

Danach war die eigentliche Aufgabe, sich Cartoons anzuschauen und den Lustigkeitsfaktor auf einer Skala von 0, also überhaupt nicht lustig, bis 9 = sehr lustig, anzukreuzen. Die Frage der Forschungsgruppe war, ob die dritte Gruppe gewissermaßen rein muskulär in erhöhte Lachlust versetzt worden war. Würden sie die Cartoons mit einem höheren Lustigkeitsfaktor bewerten als Gruppe 2, deren Hauptlachmuskel durch das Halten mit dem Stift deaktiviert wurde, und Gruppe 1, die sogenannte Kontrollgruppe?

Das verblüffendes Ergebnis: Ja, die Lachmuskelgruppe 3 amüsierte sich prächtig auf einem Lustigkeitsfaktor über 5 auf der Skala, während die lippenbedingt lachverhinderte Gruppe 2 sich nur müde einen Lustigkeitsfaktor bei 4 abringen konnte. Die

Kontrollgruppe befand sich mit ihrer Bewertung in der Mitte zwischen den Gruppen 2 und 3.

Damit hatten die Forscher Strack, Martin und Stepper nachgewiesen, dass die Gesichtsmuskulatur direkten Einfluss auf die Stimmung nehmen kann, und das sogar ohne bewusste Ausführung der Aktion. Mit Bewusstsein funktioniert es noch besser – probieren Sie es aus: Tun Sie 60 Sekunden lang so, als würden Sie breit grinsen, selbst wenn Ihnen so gar nicht danach zumute ist. Ihr Gehirn kann nicht unterscheiden, ob Sie nur so tun oder ob Sie wirklich lächeln. Es „denkt": „Moment mal, mein Herrchen grinst. Also muss es gut gelaunt sein!" Und flugs schüttet es die entsprechenden Botenstoffe aus, die schon nach einer Minute zu einer spürbaren Verbesserung Ihrer Stimmung führen.

Tun Sie gut gelaunt!

Ist das nicht großartig? Ich selbst profitiere immer wieder davon, wenn ich mir auch zugegebenermaßen etwas blöde vorkomme, wenn ich mit mieser Laune vor mich hingrinse. Aber es wirkt, und darauf kommt es an. In meinem Job will nun wirklich kein Mensch eine muffelige Trainerin sehen, die ein Gesicht zieht und in schlechter Stimmung ist.

Der gleiche Mechanismus läuft natürlich auch bei anderen Muskeln als den Gesichtsmuskeln ab. Auch dazu gibt es eine Vielzahl von Untersuchungen, die das beweisen. So gibt es beispielsweise einen holländischen Psychiater, der seine depressiven Patienten erst einmal Trampolin springen lässt, bevor er mit ihnen spricht. Die Aktivierung großer Muskelgruppen wirkt hochgradig antidepressiv, und der Psychiater muss nicht mehr mit in sich zusammengesunkenen Patienten sprechen, die aufgrund ihrer traurigen Körperhaltung auch nur auf traurige Gedanken kämen.

Äußere Haltung bestimmt das Innere

Und jetzt wissen Sie, wie einfach Sie Ihren Zustand managen können: Wenn Sie merken, wie Ihre Stimmung kippt, einfach einmal aufstehen und den gesamten Körper strecken, dazu noch in Siegerpose die Arme gen Himmel strecken und es geht gleich wieder besser! Ich glaube, die Menschen in „meinem Park", dem Schlosspark in Wiesbaden, haben sich schon das eine oder andere Mal gewundert, wenn sie mich beobachten konnten, wie ich mich nach hoch hängenden Ästen strecke, ohne etwas zu pflücken ...

Ich bin immer wieder begeistert, wie einfach es ist, mich aus einem Tief wieder rauszuholen, und ich finde es viel leichter, meinen Körper dazu zu bringen, dass er so tut, als ob die Stimmung großartig wäre, als wenn ich das im ersten Schritt geistig tun müsste.

Mit den folgenden Fragen lenken Sie Ihren Geist schnell wieder in positive Gefilde. Es hilft schon, wenn Sie kurz zwischendurch über eine diese Fragen sinnieren – zum Beispiel, wenn Sie sowieso gerade einen kurzen Break von der Arbeit brauchen oder an der Bahnstation warten, auf dem Weg von der Arbeit nach Hause.

- Worüber bin ich momentan glücklich?
- Was würden Menschen in meinem Umfeld sagen, worüber ich glücklich sein könnte?
- Worum beneiden mich andere?
- Wofür bin ich dankbar in meinem Leben? (Das können auch scheinbar selbstverständliche Dinge sein, wie das Augenlicht oder Ähnliches.)

Übung: Die drei guten Dinge des Tages

Diese Übung führt schnell zu einem besseren Zustand und mittelfristig zu mehr Widerstandskraft. Sie wurde von Martin Seligman, einem der Väter der positiven Psychologie, zu diesem Zweck entwickelt. Bewusst wahrgenommene, am besten schriftlich festgehaltene Momente täglicher Zufriedenheit vermitteln nicht nur Glücksgefühle, sondern helfen, Widerstandskräfte für eventuelle Rückschläge aufzubauen. Fragen Sie sich regelmäßig – möglichst täglich, beispielsweise jeden Tag auf dem Heimweg oder jeden Abend vor dem Schlafengehen: Was waren die drei guten Dinge des Tages? Das muss nicht zwingend etwas mit Ihrer Arbeit zu tun haben und es reichen Kleinigkeiten. Darüber nachdenken hilft, noch besser funktioniert diese Übung allerdings, wenn Sie ein Glückstagebuch führen. Die Wirkung der auf diese Weise fixierten positiven Emotionen wird so noch nachhaltiger, kann sich am Folgetag zu neuer Leistungsmotivation entfalten und langfristig entsteht eine Sammlung dessen, was Sie mit Freude und Kraft erfüllt. Darauf können Sie in schwierigen Zeiten leicht wieder zugreifen, wenn Sie dann Ihr Glückstagebuch zur Hand nehmen.

Übung: Weckerexperiment

Eine positive Einstellung kann also positive Veränderungen in Ihrem Leben bewirken. „Das ist ja schön und gut", denken Sie vielleicht, „aber funktioniert das auch?" Überprüfen Sie die Wirksamkeit doch einfach anhand eines einfachen Experiments. Die Ergebnisse werden Sie überraschen! Und es braucht keine zusätzliche Zeit, Sie können es ganz bequem ohne zusätzlichen Aufwand in Ihren gewohnten Tagesablauf einbauen.

Was Sie brauchen, sind Ihr Bett und Ihr Wecker. Sonst nichts.
1. Wenn Sie das nächste Mal zu Bett gehen, stellen Sie Ihren Wecker bitte so, dass Sie ihn gut sehen können. Merken Sie sich, wie spät es ist, und wählen Sie eine bestimmte Zeit aus, zu der Sie gerne aufwachen möchten – beispielsweise 5:50 Uhr, zehn Minuten, bevor Sie normalerweise von Ihrem Wecker geweckt werden.
2. Schließen Sie die Augen und wiederholen Sie ganz ruhig: „Wecke mich um 5:50 Uhr, wecke mich um 5:50 Uhr, wecke mich um 5:50 Uhr ..." Sie sollten den Satz mindestens hundertmal wiederholen oder so lange, bis Sie eingeschlafen sind. Für manche Menschen hat diese Übung den zusätzlichen Vorteil, dass sie schneller als gewöhnlich einschlafen. Wenn Ihr Unterbewusstsein nicht gute Gründe hat, Ihre Pläne zu durchkreuzen, sollten Sie zu der festgesetzten Zeit aufwachen.
3. Jetzt, wo Sie ein wenig Vertrauen zu der Methode und zu dem Ergebnis haben, wählen Sie ein persönlich bedeutsameres Ziel aus.

Zum Beispiel: „Ich werde im Kontakt mit meinen Mitarbeitern ruhig und gelassen sein." Das sollten Sie zwei Wochen lang jeden Abend sagen. Suchen Sie sich zu Beginn sicherheitshalber ein Ziel, das eine realistische Chance für Besserung in sich birgt und gleichzeitig eine ausreichend große Herausforderung darstellt, damit Ihr Interesse daran nicht nachlässt.

4. Halten Sie Ausschau nach kleinen Zeichen, die Ihnen einen Fortschritt anzeigen. Sich zu erlauben, einige neue positive Erwartungen zu entwickeln, ist ebenso wichtig wie die Wiederholung der Zielsuggestion. Und die Bereitschaft, diese Art von Energie auf die persönlichen Ziele zu richten, ist eine stärkende Kraft an sich.

Haben es Rosa-Brille-Menschen besonders leicht, die Bambusstrategie zu erlernen?

Ganz und gar nicht! „Ist-doch-alles-halb-so-schlimm-Menschen" reden sich die Dinge nur schön. Wahre Bamboo-Strategen beziehen die harte Realität mit ein. Sagen: „Das ist schlimm, aber ich finde eine Lösung." Und sie behalten die meiste Zeit im Kopf, dass die Menschen im Umfeld nichts dafür können, wenn sie selbst schlecht gelaunt sind. Warum sollten sie also die anderen mit ihrer schlechten Laune terrorisieren und ständig hängende Mundwinkel zur Schau tragen? Bamboo-Strategen können auch einmal so tun, als ob alles rosarot wäre.

Bamboo stärkt unseren flexiblen Stamm

Der biegsame Stamm des Bambus steht, selbst nachdem er eine lange Zeit unter einer großen Schneelast auf dem Boden lag, einfach wieder unbeschadet auf und wächst weiter – bis zu einem Meter am Tag! Biegen statt brechen ist sein Motto – so hält er den stärksten Stürmen stand. Damit wir gleich dem Bambus unseren biegsamen Stamm – unser stabiles starkes Selbst – ausbilden können, hilft es, wenn wir uns bewusst kennen, wenn wir einen Sinn in dem finden, was wir tun, und uns auf unseren persönlichen Leitstern ausrichten, dass wir auf uns selbst vertrauen.

1. Ich-Stärker: Selbstbewusstsein – sich seiner selbst bewusst sein

„Unsere Wünsche sind Vorboten der Fähigkeiten, die in uns sind.
Vorboten dessen, was wir zu leisten im Stand sein werden.
Wir müssen diese Sehnsüchte nur benennen.
Und den Mut haben, sie umzusetzen."

JOHANN WOLFGANG VON GOETHE

Selbstbewussten Menschen kann man den inneren Bamboo regelrecht ansehen. Eine Art innere Stärke scheint sie anzutreiben. Auch Sie können sich auf die Suche nach Ihrer inneren Stärke machen – dem Bewusstsein über sich selbst.

Gemeint ist hier ganz wörtlich das Bewusstsein von uns selbst, dass wir uns in uns selbst gut auskennen.

Nur wenn ich weiß, wer ich bin, was ich kann und welche Bedingungen ich brauche, um zu zeigen, was ich kann, bin ich fähig, in mir selbst Unterstützung und Halt zu finden. Dann kann ich noch Stärke zeigen, wenn es überall brennt.

Dann weiß ich zum Beispiel auch, wann es Zeit für mich wird, eine Pause einzulegen oder im Job um Unterstützung zu bitten oder einem Vorgesetzten klar zu sagen, dass ich eine gestellte Aufgabe nicht übernehmen werde, weil sie nicht meinen Kompetenzen entspricht.

Je besser ich mich kenne, desto weniger gerate ich unter Druck, wenn von allen Seiten Anforderungen auf mich einprasseln. Nur wenn ich meine Gedanken, Gefühle und Handlungen zumindest hin und wieder gründlich überdenke, kann ich von äußeren Umständen unabhängig werden.

Der Weg der anderen? Mir begegnen in meinen Seminaren und im Coaching sehr oft Menschen, die den Weg eines anderen gehen: den Weg des Vaters, der Mutter, des großen Bruders. Und sie sind sich dessen nicht bewusst, wundern sich nur, warum sich der gewählte Weg so mühevoll anfühlt und warum die Motivation, ihn zu gehen, zunehmend fehlt.

Um einen eigenen Weg zu gehen, muss ich ja zuerst einmal wissen, welcher das sein soll. Was sind Ihre Wünsche? Ihre Stärken? Wo soll die Reise für Sie hingehen? Woran glauben Sie und was ist Ihnen wichtig?

Je mehr Sie über sich wissen, desto stärker wird der Bamboo in Ihnen! Je mehr Klarheit Sie über Ihren Weg bekommen, umso leichter fällt es, ihn zu gehen. Je leichter Ihnen das Gehen fällt, umso mehr gewinnen Sie an Stärke. So produzieren Sie Ihre eigene Aufwärtsspirale.

Übung: Die A-N-A-A-Formel

Sie wünschen sich schnell mehr Durchsetzungskraft und wollen schon in der nächsten Situation leichter Ihre Interessen vertreten können? Das funktioniert garantiert in nur vier Schritten mit der A-N-A-A-Formel: Analysieren – Notieren – Auswerten – Anwenden.

Probieren Sie es gleich aus!

1. Analysieren

Wenn Sie wissen, was Ihre persönlichen „Trigger" sind – diejenigen Aspekte, die es Ihnen schwer machen, selbstbewusst aufzutreten und souverän für Ihre Interessen einzustehen –, dann wissen Sie auch, wo der Hebel sitzt, bei dem Sie ansetzen können.

a) Vergegenwärtigen Sie sich ein Ereignis aus Ihrem privaten oder beruflichen Umfeld, bei dem Sie sich unterlegen gefühlt haben, und beantworten Sie sich folgende Fragen:
- Was hat dazu beigetragen, dass Sie sich nicht so gut durchsetzen konnten, wie Sie sich das gewünscht hätten?
- Waren Sie eher zu passiv oder zu aggressiv?
- Was war der Auslöser für Ihr Unterlegenheitsgefühl?

b) Erinnern Sie sich an weitere Situationen, in denen Sie sich gerne besser durchgesetzt hätten, und fragen Sie sich:
- Was haben diese Situationen gemeinsam?
- Gibt es bestimmte „Antitypen", in deren Umfeld Sie sich regelmäßig gehemmt und unsicher fühlen?
- Welche Kennzeichen (Art der Kleidung, Statussymbole, Sprechart, Ausdrücke, Körpermerkmale, Appelle o. Ä.) lassen Sie leicht „einknicken"?
- Wie reagieren Sie typischerweise darauf: eher mit Passivität oder mit Aggressivität?

Tipp: Wappnen Sie sich gegen Ihre Trigger, indem Sie schon im Vorfeld eine Strategie festlegen. „Was mache ich, wenn ..." Wenn Sie Ihren „Antityp" herausgefunden haben, suchen Sie bewusst Orte auf, wo Sie sich genau mit diesem Typus auseinandersetzen müssen. Bei mir war es zum Beispiel zu Beginn meiner Tätigkeit als Trainerin und Coach der Typus „Investmentbanker aus Frankfurt am Main", versehen mit allen Symbolen der Macht- im 3-Reiher, Krawattennadel, teure Uhr, Manschettenknöpfe etc., der mich mit arrogantem Blick von oben nach unten mustert. Nachdem ich wusste, dass mich ein solcher Typ unsicher macht und ich bei dieser Spezies regelmäßig mein Standing verlor, bin ich so lange zu den Wiesbadener Wirtschaftsjunioren gegangen, wo dieser Typ zuhauf auftrat, bis ich mich daran gewöhnt hatte.

c) Im nächsten Aktionsschritt analysieren Sie Ihre Erfolgsstrategie, indem Sie auf positive Situationen fokussieren: Denken Sie an Situationen, in denen es Ihnen besser gelungen ist, sich durchzusetzen.
- Was hatten diese gemeinsam?
- Was konkret hat es Ihnen erleichtert, sich gut durchzusetzen?
- Wie haben Sie zu diesem Erfolg beigetragen? Was haben Sie anders gemacht?

d) Wählen Sie diejenige Situation aus, in der es Ihnen am allerbesten gelungen ist, Ihre Interessen zu vertreten, und fragen Sie sich:
- Was genau hat diesen Erfolg ausgemacht?
- Welche Unterschiede zu den Negativbeispielen gibt es?
- Was war Ihr Anteil daran? (Was hatten Sie an, wie haben Sie sich bewegt, gesprochen, argumentiert? Wie waren Sie vorbereitet? Was haben Sie zuvor getan?)

2. Notieren
Vermerken Sie sich diejenigen Erfolgshandlungen schriftlich, die Ihren Anteil am guten Gelingen in Ihren persönlichen Erfolgsbeispielen kennzeichnen.

3. Auswerten
Werten Sie alle künftigen Durchsetzungssituationen aus: Was möchte ich beibehalten, weil ich damit Erfolg hatte? Ergänzen Sie Ihre Liste regelmäßig um zusätzliche Erfolgsfaktoren!

4. Anwenden
Wenden Sie Ihre Erfolgshandlungen in Durchsetzungssituationen an! Sie werden sehen: Schon bald bringt Sie so leicht nichts und niemand mehr aus dem Takt!

Übung: Die Potenzial-Pyramide

Die Grundlage für mehr Selbstbewusstsein sind Werte und Strategieklarheit. Die Arbeit mit der Potenzial-Pyramide verschafft sie Ihnen ...

Die Potenzial-Pyramide basiert auf dem von Robert Dilts geprägten NLP-Modell der sogenannten logischen Ebenen und macht die verschiedenen Ebenen, auf denen Veränderungen stattfinden können, sichtbar. Sie liefert Ihnen relevante Informationen über den besten Hebel, an dem eine gewünschte Veränderung oder Weiterentwicklung ansetzen kann, und dient der Klärung, wo zum Beispiel ein Problem angesiedelt ist.

Die verschiedenen Ebenen der Potenzial-Pyramide sind hierarchisch gegliederte Ebenen unseres Seins, die sich wechselseitig beeinflussen. Sie besteht aus den Ebenen Umgebung, Aufgaben/Verhalten, Fähigkeiten, Überzeugungen, Werte, Identität, Ziele und Vision.

Etwas liegt auf einer höheren Ebene, wenn es das Darunterliegende umfasst und steuert; so sind beispielsweise Überzeugungen auf einer höheren Ebene angesiedelt als Fähigkeiten, denn man ist insbesondere dann zu etwas fähig, wenn man glaubt, dazu fähig zu sein. Durch das gedankliche Wechseln von der Problemebene auf die nächsthöhere Metaebene werden Veränderungen erleichtert. Auf der Metaebene werden Ressourcen aktiviert, die Veränderung in den darunter liegenden Ebenen erleichtern. Entwicklung und Veränderung gelingt deshalb in der Regel am besten auf der nächsthöheren Ebene als auf der, auf der ein Problem angesiedelt ist.

Und so funktioniert die Übung:
- Schauen Sie sich die einzelnen Ebenen zunächst einmal in Ruhe an.
- Steigen Sie einfach auf der Ebene ein, die Ihnen am leichtesten zu bearbeiten fällt.
- Notieren Sie Ihre ersten Antwortideen auf einem Stück Papier und vermerken Sie jeweils mit einem Kürzel, für welche Ebene die Notizen gedacht sind.
- Wenn Sie nicht genügend Zeit finden, die gesamte Potenzial-Pyramide an einem Stück zu bearbeiten, oder feststellen, dass die Konzentration nachlässt, bearbeiten Sie sie gerne an mehreren Tagen in kleinen Teilschritten. Je nachdem, wie stark Sie sich schon mit den Themen der Übung beschäftigt haben, kann es eine Stunde oder auch länger dauern, bis Sie alle Ebenen bearbeitet haben. Ich verspreche Ihnen, es lohnt sich!
- Wenn Sie alle Ebenen für sich beschrieben haben, reflektieren Sie Ihre Denkarbeit anhand der vorgeschlagenen Analyse in der Grafik und legen Sie erste Schritte und Maßnahmen fest.

Zur Motivation kann ich Ihnen nur sagen, dass bisher noch jeder Teilnehmer meiner Seminare oder Coachings mindestens einen AHA-Effekt erlebt und teilweise bahnbrechende Erkenntnisse gehabt hat, die dazu geführt haben, dass diffuse Unzufriedenheit endlich in echte Erfülltheit im Job umgewandelt werden konnte!

Beispiel So hat beispielsweise ein Mann die Ebene „Identität" mit den Worten „Ich bin nur ein Rad im Getriebe" ausgefüllt. Dieses lähmende Selbstbild schlug sich auch in seinen Überzeugungen und Werten nieder: „Es ist anmaßend, sich in den Vordergrund zu spielen" und „Gerechtigkeit". Seine Vision war es, zu mehr Gerechtigkeit auf der Welt im Allgemeinen und an seinem Arbeitsplatz insbesondere beizutragen. Er hat sein Verständnis von Gerechtigkeit gründlich überdacht und sieht sich heute als eine Art Robin Hood. Die neue Denkart beflügelt ihn und hat ihn wieder handlungsfähig und froh gemacht. Ich bin gespannt, wie es Ihnen ergehen wird!

Analyse:
- Wie passen die Ebenen zusammen?
- Welche Brüche gibt es gegebenenfalls? Welche inneren Konflikte resultieren daraus?
- Auf welcher Ebene ist eine Herausforderung oder ein Problem angesiedelt?
- Auf welcher anderen Ebene sollte ich eine Veränderung anstreben, um das Problem in den Griff zu bekommen?
- Welche ersten konkreten Schritte mache ich jetzt?

Vision
Wozu?
Was ist Ihr Lebenssinn?
Was betrachten Sie als Ihre Lebensaufgabe oder Mission?

Ziele
Was genau soll bis wann erreicht werden?
Woran werden Sie erkennen, dass Sie ein Ziel erreicht haben?
In welche Teilziele können Sie Ihre Ziele einteilen, um sie besser zu erreichen?

Identität
Selbstbild
Wie sehen Sie sich selbst? Wofür stehen Sie?
Wie sollen andere Sie sehen? Mit welchen bildhaften Worten würden Sie Ihre Funktion beschreiben?
z.B. „Ich bin die Lokomotive des Ganzen"

Werte
Was ist Ihnen wichtig?
Wofür setzen Sie sich ein? Wofür würden Sie notfalls auch kämpfen?
Was sind die Kriterien, nach denen Sie Entscheidungen treffen?
Wie gut können Sie Ihre Werte an Ihrem aktuellen Platz leben?

Überzeugungen
Wovon sind Sie überzeugt?
Was glauben Sie zu müssen, zu sollen oder zu dürfen? Welche Einstellungen unterstützen Sie bei Ihrer Sache? Welche Überzeugungen/Vorurteile könnten Sie hemmen?

Fähigkeiten
Was Sie können
Was können Sie besonders gut? Welche Kenntnisse, Erfahrungen und Stärken haben Sie? Welche setzen Sie schon für Ihre Sache ein? Welche Kenntnisse, Erfahrungen und Stärken bräuchten Sie noch darüber hinaus? Welche von den bisher ungenutzten könnten Sie gewinnbringend einsetzen?

Aufgaben/Verhalten
Was Sie tun und wie Sie es tun
Welches Verhalten setzen Sie typischerweise ein, um welche Aufgaben zu erledigen?
Wie gut passen Ihre Aufgaben zu dem, was Sie erreichen wollen? Wie zieldienlich ist Ihr Verhalten?
Welches gegebenenfalls andere Verhalten brauchen Sie, um Ihr Ziel zu erreichen?

Umgebung
Die Rahmenbedingungen
Relevante Umgebungsfaktoren und Arbeitsbedingungen, z.B. Marktsituation, Schnittstellen, beteiligte Personen, Ressourcen wie Geld oder Material, Unterstützendes, Minusfaktoren.
Sind Sie am richtigen Platz? Wie müssten Sie Ihre Arbeitsbedingungen eventuell verändern, damit Ihr Job Ihr persönliches „Biotop" wird?

1. Ich-Stärker: Selbstbewusstsein

2. Ich-Stärker: Einem Leitstern folgen – sich auf eine Vision ausrichten

> „Wer keinen Sinn im Leben sieht,
> ist nicht nur unglücklich, sondern kaum lebensfähig."
> ALBERT EINSTEIN

Ein entscheidender Schutzfaktor für Resilienz ist die Beharrlichkeit und Selbstvergessenheit, mit der ein Mensch sich einem Thema und seinen Zielen widmet. Dazu braucht er eine Vision von dem, wie er sein Leben erschaffen will. Eine Vision, unsere Werte, Ziele und der Sinn, dem wir unserem Tun beimessen, sind unser persönlicher Leitstern. Er weist uns die Richtung, ist die Antwort auf die Frage „Wo will ich eigentlich hin?". Unsere Vision funktioniert wie ein Leuchtfeuer, an dem wir uns auch in dunklen Zeiten orientieren können, und führt uns vom Ist zum Soll.

Unsere Lebensenergie und Lebensfreude schöpfen wir aus der Gewissheit, auf dem richtigen Weg zu sein. Was nützt es Ihnen denn, immer weiter auf der Leiter des Lebens nach oben zu klettern, wenn Sie am Ende feststellen müssen, dass die Leiter an der verkehrten Wand steht?

Unser persönlicher Leitstern hilft uns, uns am eigenen Schopf aus dem Sumpf immer wieder auftauchender Schwierigkeiten zu ziehen, statt darauf zu warten, bis jemand kommt, der das für uns erledigt. Das gelingt aber nur mit einem lohnenden Ziel, einer Vision vor Augen.

Kraftvolles Unterbewusstsein

Bei einem Eisberg sehen wir nur den Teil über dem Wasser. Der viel größere und kraftvollere Teil ist den Blicken entzogen. Dieser unsichtbare Teil bestimmt aber die Richtung des Eisbergs. Bei uns Menschen entspricht dieser die Richtung bestimmende Teil unserem Unterbewusstsein. Eine Vision setzt sowohl unsere bewussten als auch unbewussten Kräfte frei. Mit einem

Leitstern bekommen wir also ein mächtiges Instrument in die Hand, um unser Unterbewusstsein für uns arbeiten zu lassen.

Um einem Leitstern folgen zu können, müssen wir einen haben. Wie entsteht der? Ein wichtiger Baustein unseres Leitsterns ist, dass wir eine Idee vom Sinn unseres Lebens haben. Menschen empfinden ihr Leben dann als sinnvoll, wenn es von Wertvorstellungen und Idealen geprägt ist, wenn sie sich selbst Ziele setzen, wenn sie ein Mindestmaß an Kontrolle über ihre Lebensbedingungen ausüben können oder zumindest das Gefühl von Kontrolle haben und wenn sie sich selbst und ihrem Tun Bedeutung und Wert zuschreiben können.

Davon war Anton Lukas weit entfernt. Der Mittel-Manager, zuständig für softwaregestützte Unternehmensprozesse eines werkzeugherstellenden Unternehmens im Baden-Württembergischen, klagte über ein Gefühl der Leere. Nach einer Phase, in der er sich in hohem Maße engagiert hatte, fiel es ihm zunehmend schwer, sich für seine Arbeit zu motivieren. In der letzten Zeit war er häufig für die Firma gereist – zuletzt war er einige Wochen in New York und verzichtete über lange Wochen auf genügend Schlaf, um sich voll einer kniffligen Aufgabe zu widmen. Er löste sie zur höchsten Zufriedenheit, seine amerikanischen Kollegen überschütteten ihn nur so mit Lob für seine Arbeit. Als er zurückkam, hatte er eigentlich eine weitere Beförderung erhofft, aber im Unternehmen schien sich niemand für seine außerordentlichen Leistungen und für sein Engagement zu interessieren. Er stürzte in ein tiefes Loch und fühlte sich krank. Mit einem Gefühl wie ferngesteuert, desillusioniert und mit erheblichen Selbstzweifeln kam er zu mir ins Coaching.

Fallbeispiel

Wir arbeiteten mit der Potenzial-Pyramide, die Sie im vorigen Kapitel als Übung hatten. Und ihm wurde bewusst, dass er etwas brauchte, was ihm wieder Sinn und Auftrieb gab. Er entschied sich, ein Ehrenamt zu übernehmen: Seit über einem Jahr besucht er einmal wöchentlich einen ehemals sehr engagierten Beamten, der nach einer großen Enttäuschung immer weiter abstieg

Auftrieb und Motivation statt innere Leere

und schließlich obdachlos auf der Straße landete und jetzt, psychisch immer noch schwer angeschlagen und auf Betreuung angewiesen, in einer caritativen Einrichtung lebt. Die beiden gehen essen, ins Kino, unterhalten sich. Der Ex-Beamte hat außer ihm niemanden, der ihn besucht, und freut sich immer sehr.

Etwa drei Monate nach dem Start seiner ehrenamtlichen Tätigkeit geht es Anton Lukas wieder gut: Er hat wieder Freude an seiner Arbeit und beginnt – nun wieder hochmotiviert – aus echtem Interesse eine Fortbildung. Sein Engagement ist wieder erwacht. Jetzt erwartet er keine Beförderung mehr, er tut es einfach, weil es Auftrieb gibt, sich selbst gesteckten Zielen passend zu den eigenen Werten zu widmen.

Wofür wollen Sie stehen? Was sind Ihre Werte? Wofür stehen Sie? Mit welchen Werten nehmen Ihre Mitarbeiter bzw. die Menschen in Ihnen nachgeordneten Positionen Sie wahr? Von den meisten von uns werden fast nie einschneidende Wertentscheidungen verlangt. Nur wenige von uns verzichten auf etwas, das ihnen wichtig ist, weil ihnen ein moralisch hochstehender Wert noch wichtiger ist. Kaum jemand muss sein Leben oder das Leben seiner Familie riskieren, um sich für Gerechtigkeit einzusetzen oder um einen anderen Menschen zu beschützen, dessen Leben bedroht ist. Wir riskieren also wenig und gerade deshalb sollten wir uns fragen, wofür wir stehen möchten – das sind wir uns selbst, dem Leben und unseren Mitarbeitern schuldig.

Sie tragen Ihre Werte schon in sich: Es sind Ihre persönlichen Überzeugungen, die sich durch Ihre Lebenserfahrung entwickelt haben. Es sind auch Grundsätze und Prinzipien, die Ihnen, abhängig von der Umgebung, von der Sie geprägt wurden, vermittelt worden sind.

Wahrscheinlich wird bei Ihnen am Arbeitsplatz eher selten über Werte und den Sinn des Lebens gesprochen, das wäre zumindest ungewöhnlich. Und vielleicht haben Sie sich noch nie Gedanken darüber gemacht, welche Werte Sie eigentlich haben. Damit wären Sie beileibe nicht allein: Sehr viele Menschen sind sich ihrer Grundsätze und Überzeugungen nicht einmal ansatzweise bewusst – sie folgen Prinzipien, ohne es zu wissen. Und häufig sind es nicht einmal ihre eigenen, sondern die ihrer Eltern oder der Gesellschaft. Aber ob wir im Einklang mit unseren Werten arbeiten können, entscheidet über den Grad unserer Widerstandskraft, unserer Zufriedenheit und unserer Entscheidungsfähigkeit.

Gerade für Menschen in „Sandwichpositionen", die Druck von allen Seiten spüren, ist es wichtig, sich ihrer Werte bewusst zu sein, denn gerade sie sind besonders gefährdet, sich an diesem Punkt totzulaufen. In einer Sandwichposition gehört es maßgeblich zu Ihrer Rolle, Ziele, Entscheidungen und Veränderungsprozesse zu vertreten, die Sie wahrscheinlich oft gegen Ihren eigenen inneren Widerstand rechtfertigen und durchsetzen müssen. Das kostet viel Kraft!

Sich im Sandwich positionieren

Dieser Spagat zwischen den Positionen führt schnell zu einem schmerzhaften geistigen Muskelkater, verursacht durch den Versuch, es allen recht zu machen: sich selbst, dem Unternehmen, dem Chef und den Mitarbeitern. Jede dieser Positionen ist von teils sehr unterschiedlichen oder gar aufeinanderprallenden Wertvorstellungen geprägt – das macht Ihre Situation nicht leichter und kann lähmende Gewissenskonflikte hervorrufen.

Wie Sie Klarheit in Ihre Werte bringen

Bleiben Ihre Werte für Sie selbst im unbewussten Untergrund, führen sie dort ein Eigenleben, das Ihnen leicht die Sicht auf Ihre Handlungsspielräume vernebelt. Es gilt also, zu Gunsten Ihrer Resilienz Klarheit über die eigenen Werte zu gewinnen und Möglichkeiten zu finden, diese im Arbeitsalltag einbringen zu können.

Fragen Sie sich:
- Was ist Ihnen wirklich wichtig?

- Welches sind diejenigen Werte, die Ihrem Leben Sinn und Struktur verleihen?
- Wie leben Sie diese praktisch?
- Wie könnten Sie Ihre innersten Überzeugungen noch besser in Ihrem Reden und Handeln verwirklichen?
- Welche Ihrer Werte lassen sich in Ihrem Unternehmen umsetzen und welche müssen Sie der vorherrschenden Unternehmenskultur unterordnen?
- Wie wollen Sie damit umgehen, wenn Sie in einen Wertekonflikt geraten?
- Bitte überprüfen Sie auch, was wirklich IHRE Werte sind! Beleuchten Sie gerne etwas gründlicher, ob nicht vielleicht ein Wert in Ihren persönlichen Wertekatalog gerutscht ist, der gar nicht auf Ihren eigenen Erfahrungen gründet, sondern mehr oder weniger hinterfragt eher von Ihren Eltern, Ihrem Partner oder Ihrer Partnerin oder sonst einer wichtigen Person in Ihrem Leben kommt. Das passiert sehr leicht; in jedem Coachingprozess finden wir mindestens einen Wert dieser Art!

Nur mit Klarheit in Ihren Werten gelingt es Ihnen, sich nach oben und unten so zu positionieren, dass „die oben" Sie respektieren und „die unten" sich an Ihnen orientieren.

Zielen Sie S.M.A.R.T
Zur lockenden Herausforderung wird Ihre Vision, wenn sie zu Ihren Werten passende Ziele beinhaltet, die gerade im rechten Maß erreichbar sind. Wählen Sie also Ziele, die einerseits nicht unerreichbar weit entfernt, aber andererseits auch nicht zu leicht zu erreichen sind.

Sie sollten die Ziele smart formulieren, damit Ihr Unterbewusstsein Sie bei der Erreichung unterstützen kann! Konkrete Ziele helfen Ihnen dabei, die Übersicht zu behalten und Ihre Energie zu bündeln. Ziele zeigen Ihrem Inneren, wofür es sich lohnt, aktiv zu werden, so dass es Ihnen dabei helfen kann. Je klarer Sie Ihre Ziele für die konkrete Situation vor Augen haben, desto wirksamer sind Ihre Aktivitäten.

S.M.A.R.T. bedeutet aufgeschlüsselt:
S = Spezifisch: Klar, eindeutig und konkret.
M = Messbar: Eindeutig beurteilbar, ob und wie weit Sie Ihr Ziel erreicht haben.
A = Attraktiv und aktionsorientiert positiv formuliert: „Was soll sein und was kann ich tun" statt „Was soll nicht mehr sein".
R = Realistisch: Von Ihnen selbst erreichbar und zu beeinflussen.
T = Terminiert: Zeitlich und inhaltlich eindeutiger Endpunkt. Nicht zu knapp bemessen.

Formulieren Sie Ziele, keine Wünsche
Wenn man Menschen fragt, was sie für sich verändern möchten, sind folgende Antworten typisch:
- Ich möchte mich besser durchsetzen.
- Ich möchte nicht mehr so schnell nachgeben.
- Ich will weniger Angst davor haben, anderen die Meinung zu sagen.
- Ich möchte bei Konflikten immer ruhig bleiben.
- Ich will, dass mein Chef auf meine Wünsche eingeht.

Sind diese Wünsche nachvollziehbar? Mit Sicherheit! Nur: Es sind eben Wünsche, keine Ziele! Denn in den Formulierungen stecken unsichtbare Fallstricke, mit denen Sie sich selbst sabotieren würden. Es fehlt an Klarheit und Messbarkeit; es sind Verneinungen enthalten, mit denen Ihr Unterbewusstsein nicht sinnvoll arbeiten kann, und der Zeithorizont ist unklar.

Unsichtbare Fallstricke

- Fallstrick 1: schwammige Formulierungen und mangelnde Messbarkeit
  Ausdrücke wie „besser", „stärker", „deutlicher" etc. zeigen nur die grobe Richtung an, in die es gehen soll, und sorgen eher für Frust als Lust, weil Sie so noch nicht wissen, wie Sie zum Ziel kommen sollen. Denn was bedeutet denn konkret „besser durchsetzen"? Und woher wissen Sie, wann Sie bei Ihrem Ziel angekommen sind? Solange Sie keine Kriterien dafür formuliert haben, können Sie sich ewig abstrampeln.

Mein Tipp: Formulieren Sie Ihr Ziel so klar, eindeutig und konkret wie möglich. Sie müssen außerdem eindeutig beurteilen können, ob und wie weit Sie Ihr Ziel erreicht haben. Fragen Sie sich, woran Sie merken würden, dass Sie am Ziel sind oder auf dem besten Weg dazu.

- Fallstrick 2: Verneinungen
Denken Sie in den nächsten Sekunden bitte auf keinen Fall an einen Elefanten! Hat's geklappt? Bestimmt nicht, denn sobald Sie etwas NICHT denken wollen, muss sich Ihr Gehirn gerade damit beschäftigen. Und damit konzentriert sich Ihr Unterbewusstsein genau auf die problematischen Dinge, die Sie nicht mehr möchten. Das bringt Sie nicht weiter. Das Ganze hat nichts mit Hokuspokus zu tun, es unterstützt nur Ihr Unterbewusstsein, an jeder Entscheidungsweggabelung die Richtung einzuschlagen, die Sie Ihren Zielen näher bringt.

Einkalkulierte Widrigkeiten sind erträglicher

Entwickeln Sie das Gefühl von Kontrolle

Zum erfolgreichen Umgang mit belastenden Situationen und krisenhaftem Stress braucht es den Glauben an Erfolg – also Optimismus – und das Gefühl von Kontrolle. Für den Aufbau von Resilienz leitet sich daraus ein entscheidender Punkt ab: Das Gefühl des Kontrollverlustes muss durch ein Gefühl der Kontrolle ersetzt werden. Denn: Schon im Vorfeld einberechnete Widrigkeiten sind erträglicher als unkontrollierbare und plötzlich hereinbrechende.

Einem persönlichen Leitstern zu folgen, aktiviert diese Fähigkeiten, denn ich muss zum einen schon das Gefühl haben, dass ich als Mensch etwas in meinem Leben bewirken kann, dass nicht nur ein unkontrollierbares Schicksal die Macht über mein Leben hat. Sonst würde es ja keinen Sinn machen, eigenen Werten Bedeutung zuzumessen, sich Ziele zu setzen und sich an einer Vision auszurichten. Und zum anderen gebe ich mir mit meinem Leitstern Richtung und Halt im täglich auf mich einprasselnden Wahnsinn einer Vielzahl von Handlungsoptionen und all der Entscheidungen, die ich jeweils zu treffen habe. Während ich mir meine Vision, meine Werte und meine Ziele bewusst mache, bin ich in einem gedanklich gestaltenden Prozess, der automatisch auch Überlegungen zu möglichen Hindernissen beinhaltet.

Das Gefühl von Kontrolle ist das Gegenteil von Hilflosigkeit, die uns passiv und resigniert werden lässt. Mit dem Gefühl, Kontrolle über eine Situation zu haben, sind wir nicht länger in der Opferrolle – wir werden zum optimistischen Herr der Lage. Dabei kommt es nicht auf objektive Kontrolle an.

Das konnten Wissenschaftler rund um Seligman in einem spannenden Experiment wissenschaftlich absichern: Studenten mussten in einer Prüfungssituation Aufgaben lösen. Die Studierenden in den Gruppen A und B sahen gleich beim Eintreten in den Saal eine Baustelle direkt nebenan. Beide Gruppen wurden während der Prüfung durch unangenehm lauten Baustellenlärm beträchtlich in ihrer Konzentration gestört.

Es genügt das Gefühl, Kontrolle zu haben!

In Gruppe A entschuldigte sich die Universitätsleitung zwar zu Beginn der Prüfung, machte aber gleichzeitig deutlich, dass sich da nichts dran ändern ließe, die Baustelle sei eben nun einmal laut. Das war die Gruppe ohne Kontrollmöglichkeit. Den Prüflingen in Gruppe B wurde in Aussicht gestellt, einen roten Stoppknopf an ihrem Pult nutzen zu können, wenn es gar zu arg werden würde. Bei Betätigung des Knopfes würden die Baustellenarbeiter das Signal bekommen, die Arbeiten zu unterbrechen. Allerdings sollte der Knopf bitte nur im absoluten Notfall gedrückt werden, da es sonst für die Universität richtig teuer würde. Gruppe C, die Kontrollgruppe, konnte ihre Prüfung vollkommen ungestört ablegen.

Und stellen Sie sich vor: Die Ergebnisse der Gruppe mit dem Stoppknopf waren fast genauso gut wie die der ungestörten Kontrollgruppe! Und das, obwohl der Knopf, der sowieso ohne echte Funktion war, von keinem einzigen Probanden in Gruppe B wirklich benutzt wurde! Das brauchten sie auch nicht, da das Gefühl von Kontrolle die ganze Zeit vorhanden war. Der subjektive Glaube an die Möglichkeit, Einfluss nehmen zu können, hatte genügt.

Schauen Sie auf das, was Sie schon erreicht haben

Ob jemand eine Opferrolle einnimmt oder etwas zu verändern versucht, ist in hohem Maße von seiner Bewertung der Kontrollmöglichkeit abhängig. Damit diese Bewertung positiv ausfällt, ist die Stärkung des subjektiven Kontrollgefühls ein zentrales Element für mehr Widerstandskraft. Um den Glauben an Ihre Möglichkeit der Einflussnahme zu stärken, unterstützen Sie neben Ihrem Leitstern die regelmäßige Rückschau auf das, was Sie schon erreicht haben, am besten anhand der Ansicht Ihrer schriftlich fixierten Ziele.

Übung: Ihr 80. Geburtstag

Diese Übung unterstützt Sie dabei, sich Ihren Werten zu nähern und Ihren persönlichen Lebenssinn zu entdecken.

Stellen Sie sich bitte vor, Sie würden jetzt schon Ihren 80. Geburtstag erleben. Ihnen wohlgesonnene Menschen haben für Sie ein Fest zu Ihren Ehren organisiert und dazu viele Bekannte, Freunde, die Verwandtschaft und einige Honoratioren eingeladen, die nun alle erschienen sind, um Sie zu würdigen. Im Verlauf der Reden und in persönlichen Gesprächen wird viel über Sie gesagt.

- Was denken Sie, würden die Gäste über Sie sagen? Was würden sie in den Vordergrund stellen und besonders hervorheben?
- Was würden Sie über Ihren Charakter, über Ihre Lebensrollen, Ihre Fähigkeiten und Leistungen hören?
- Was würde darüber gesagt werden, welche wesentlichen Dinge Sie in Ihrem Leben bewirkt haben?
- Was an Ihnen würde gelobt und positiv beurteilt werden?

Sie können zwar nicht wissen, was man tatsächlich über Sie sagen wird, aber Sie können sich überlegen, was Sie an diesem Tag gerne hören würden, worauf Sie stolz wären und worauf Sie mit großer Zufriedenheit zurückschauen würden. Vielleicht hilft Ihnen auch folgende Vorstellung: Mal angenommen, ein renommierter Buchverlag bittet Sie um eine Rückschau auf Ihr Leben mit Schwerpunkt darauf, was aus Ihrer Sicht das Wichtigste im Leben ist, wofür Sie stehen und was Sie im Leben anderer Menschen bewirkt haben, was würden Sie gerne schreiben wollen?

Übung: Zielprogramm installieren

Vorweg: Was sich anhört wie die Bedienung eines Computers, ist eine bewährte Technik, die häufig von Hochleistungssportlern, Topmanagern oder Politikern verwendet wird, um anspruchsvollere Ziele, die vielleicht auch noch in weiterer Ferne liegen, besser zu erreichen. Die Übung lohnt einen Versuch, wenn Sie schon länger auf ein Ziel hinarbeiten und Ihre Motivation zur Zielerreichung zu sinken beginnt.

Wie installieren Sie sich ein Zielprogramm?

1. Erinnern Sie sich an eine Situation, in der Ihnen etwas Ähnliches schon einmal gelungen ist wie das, was Sie jetzt vorhaben. Vergegenwärtigen Sie sich die Situation möglichst plastisch: Was gab es dort zu sehen und zu hören? Was genau haben Sie getan? Wie haben Sie sich dabei gefühlt?

2. Installieren Sie sich in dem Moment, in dem Sie gedanklich mitten in der Erfolgssituation sind, Ihr Zielprogramm. Gerade, wenn Sie sich besonders gut fühlen, drücken Sie dazu an einer Stelle Ihres Körpers wie beispielsweise in der Grube zwischen Daumen und Zeigefinger circa 10 Sekunden mit dem Daumen der anderen Hand zu. Diese Technik nennt man im Neurolinguistischen Programmieren „Ankern". Sie können auch eine andere Stelle für Ihren Anker benutzen, wichtig ist nur, dass es eine Stelle ist, die Sie nicht sowieso ständig berühren. Also wählen Sie nicht gerade die Innenseite der Handfläche, wo der Anker bei jedem Händeschütteln absichtslos aktiviert und damit abgeschwächt würde.

3. Testen Sie Ihren Anker: Drücken Sie dazu präzise auf die Stelle Ihres Körpers, an der Sie ihn installiert haben. Er funktioniert gut, wenn Sie bemerken, dass Sie in ähnliche Hochstimmung kommen wie in der echten Situation, die Sie zu Beginn erinnert haben. Falls das nicht gelingt, wenden Sie sich vielleicht besser an einen NLP-Trainer, der Sie dabei unterstützt, die Technik zu erlernen, damit Sie diese dann auch selbst anwenden können. Das braucht nicht mehr als maximal zwei Treffen mit einem guten Vertreter seines Faches.

4. Verstärken Sie Ihr Programm, indem Sie vor Ihrem inneren Auge einen Film ablaufen lassen, wie Ihr Zielvorhaben erfolgreich gelingt. Stellen Sie sich so konkret wie möglich und in allen Einzelheiten vor, wie Sie Ihr Ziel erreichen. Dann nutzen Sie Ihren Anker und versetzen sich damit noch zusätzlich in das Hochgefühl von erfolgreichem Gelingen, das Ihnen Ihr Anker beschert. Wiederholen Sie diesen Prozess dreimal direkt hintereinander in schnellerer Abfolge. Wichtig für die erfolgreiche Zielerreichung ist die Kombination des mentalen Films mit den Erfolgsgefühlen durch den Anker.

5. Aktivieren Sie Ihr Zielprogramm immer dann durch Drücken Ihres Ankers, wenn Sie einen Motivationsschub brauchen.

3. Ich-Stärker: Selbstliebe – es sich selbst wert sein

> *„Menschen, die sich lieben, feiern sich an guten Tagen, verwöhnen sich an schlechten Tagen und trösten sich in traurigen Zeiten."*
>
> UNBEKANNT

Was wir von uns selbst halten und wie wir zu uns stehen in guten und in schlechten Zeiten, trägt entscheidend dazu bei, in welcher Verfassung unser Bamboo ist. Als ein wesentlicher Faktor für unseren stabilen Stamm bestimmt unser Selbstbild, wie gut wir Krisen wegstecken.

Sich selbst anerkennen zu können, macht Sie unabhängiger von der Anerkennung von außen. Mit einer hohen Selbstwertschätzung werden Sie so genügsam wie ein Bambus, der auch längere Zeiten ohne Wasser unbeschadet übersteht.

Selbstwertschätzung

Unter Selbstwertschätzung (auch: Selbstwert, Selbstwertgefühl) verstehen Psychologen die Bewertung der eigenen Person, also wie positiv oder negativ sich eine Person in verschiedenen Bereichen einschätzt. Menschen mit hohem Selbstwert sind mit sich und ihrem Leben relativ zufrieden, Menschen mit niedrigem Selbstwert zweifeln an sich selbst und an ihren eigenen Fähigkeiten. Viele Untersuchungen zeigen, dass hoher Selbstwert wichtig für die sozialen Beziehungen und die psychische Gesundheit von Menschen ist.

Sind Sie sich selbst ein guter Freund?

Wie gut sind Sie zu sich selbst? Wie viel sind Sie sich selbst wert? Wie leicht fällt es Ihnen, Grenzen zu setzen und dann die vorwurfsvollen Blicke derer zu ertragen, deren Bitte Sie gerade abgewiesen haben?

Liebe hat nichts mit Leistung zu tun

Bamboo-Strategen mögen sich gern und sind stolz auf sich. Und zwar auch dann, wenn sie von anderen abgelehnt werden, wenn ihnen ein grober Fehler unterläuft oder wenn sie einen großen Misserfolg oder eine Krise erleben. Sie nehmen Schicksalsschläge nicht persönlich und auch nicht die Abweisung von anderen Menschen. Sie bleiben auch unter Druck ganz „bei sich" und fahren nicht gleich aus der Haut, im Bestreben, alles richtig und es jedem recht zu machen. Bamboo-Strategen wissen, dass Liebe nichts mit Leistung zu tun hat, und mögen sich selbst dann, wenn sie gerade arbeitslos sein sollten. Sie sind hilfsbereit, wenn es darum geht, andere Menschen zu unterstützen, und lassen auch nach einer erlittenen Niederlage ihre Laune nicht an anderen aus. Das können Bamboo-Strategen deshalb, weil sie sich selbst unter allen Umständen als vollwertigen liebenswerten Menschen sehen. Nach einem Misserfolg analysieren sie motiviert, wie sie am besten weiter auf ihr Ziel zusteuern können, und machen sich gleich wieder ans Werk. Auch dann, wenn Menschen in ihrem Umfeld anderer Meinung sind und sie deshalb keine Unterstützung für ihre Sache finden. Sie reden sich selbst gut zu, denken gut über sich und behandeln sich so, wie sie auch einen guten Freund behandeln würden: mit Verständnis für Fehler, Geduld in neuen Lernsituationen und freundlichem Interesse an den vertrauten Marotten.

Oder haben Sie sich selbst eher zum Feind?

Bei vielen Menschen läuft es folgendermaßen: Haben sie einen Erfolg erzielt, dann fühlen sie sich o.k., also wie ein ehrenwerter Mitmensch – haben sie einen Misserfolg zustande gebracht, dann glauben sie, sie sind nicht o.k. und sehen sich quasi als Misserfolg in Person, im schlimmsten Falle als ein totaler Versager.

Verknüpfen Sie nicht Misserfolge und Selbstwertgefühl

Diese unglückselige Verknüpfung von Leistung und Selbstwertgefühl führt dazu, dass viele Menschen ein unzufriedenes Leben führen und ihr Selbstwertgefühl sehr schwach ausgeprägt ist. Manche lassen sich von dem miesen Gefühl bis zur Passivität ausbremsen – sie vermeiden jede Aktion und hoffen damit auch Fehler zu vermeiden, was natürlich nicht funktionieren kann. Sie verzichten damit darauf, ihre Probleme in die Hand zu nehmen und sich in ihrer Selbstwirksamkeit zu üben und zu bestätigen. Langfristig führt diese Haltung zu einer großen Lebensunzufriedenheit. Und das schwächt uns.

Auch gemein, aber sehr verbreitet: die eigene Person mit Berühmtheiten aus Funk und Fernsehen vergleichen und dabei bestürzt feststellen, dass man nicht mithalten kann. Neid, Unsicherheit, Mangelgefühle sind die Folge. Wie schade, dass wir Menschen in dieser Hinsicht keine Zebras sind: Zebras stellen sich nicht vor den Spiegel und denken: „Mein Gott, sind meine schwarz-weiß Streifen unregelmäßig!" Ein Zebra grübelt nicht über die viel schöneren Streifen des Nachbarzebras nach ...

Wie denken, fühlen und handeln Menschen, die sich selbst lieben und mögen?

- Sie halten sich für liebenswert und wertvoll. Deshalb haben sie auch ein positives Selbstwertgefühl und sie haben das Gefühl, liebenswert zu sein.
- Sie wissen, dass ihr Wert nicht von ihrem Handeln abhängt.
- Sie verurteilen sich nicht für ihre Fehler. Sie verzeihen sich diese.
- Sie behandeln andere gut und verzeihen denen ihre Fehler.
- Sie lassen sich von anderen nicht schlecht behandeln.
- Sie behandeln andere so, wie sie selbst behandelt werden möchten.
- Sie achten darauf, dass es ihnen und den anderen gut geht.
- Sie übernehmen für ihr Handeln die Verantwortung und flüchten sich nicht in Ausreden.
- Sie freuen sich über Lob und Komplimente und nehmen diese gerne an.

So wie man denkt, fühlt und handelt, wenn man einen anderen mag, so denkt, fühlt und handelt man, wenn man sich selbst mag.

Selbstwert-Check: Wie ausgeprägt ist Ihre Selbstliebe?

Wie vielen der folgenden Aussagen stimmen Sie zu?

☐ Bei Meinungsverschiedenheiten gebe ich oft nach, weil ich befürchte, sonst nicht mehr geliebt zu werden.
☐ Bei Auseinandersetzungen lenke ich lieber schnell ein, weil ein Konflikt mich innerlich zu sehr belastet und weil ich unangenehme Konsequenzen befürchte.
☐ Manchmal denke ich, dass ich für nichts gut bin.
☐ Ich darf mir bei der Arbeit keine Fehler erlauben. Denn sonst würden alle sehen, dass ich in Wirklichkeit gar nicht kompetent genug bin.
☐ Die Meinung anderer ist mir sehr wichtig.
☐ Ich neige dazu, mich als Versager zu fühlen.
☐ Ich richte mein Handeln stark nach dem, was andere von mir erwarten oder über mich denken könnten.
☐ Ich bekam schon als Kind zu hören, dass aus mir nichts Rechtes werden wird.
☐ Ich traue mir nicht zu, neue Herausforderungen anzunehmen, sie würden mir sowieso nicht gelingen.
☐ Ich habe häufig das Gefühl, nicht gut genug zu sein.
☐ Ich fühle mich häufig klein und wertlos.
☐ Es fällt mir schwer, anderen gegenüber Grenzen zu setzen und meine eigene Position zu vertreten.

Auswertung:

■ Maximal 4-mal „Ja"
Sie haben ein gutes Maß an Selbstliebe!
Sie lassen sich nicht so schnell die Butter vom Brot nehmen. Sie stehen für sich selbst ein und haben genug Vertrauen in sich und Ihre Fähigkeiten, um mit neuen Situationen und Ereignissen in Ihrem Leben umgehen zu können.
Es ist völlig normal, dass auch bei Ihnen im Auf und Ab des Lebens gelegentlich Momente der Selbstkritik oder Zweifel aufkommen. Sie haben vermutlich ein gutes Gespür entwickelt, den Wahrheitsgehalt oder die Bedeutung dieser negativen Gedanken richtig einzuschätzen und konstruktiv zu nutzen.

- **5- bis 8-mal „Ja"**
  Mehr Selbstliebe wäre gut.
  Sie kommen ganz gut klar, könnten aber durchaus eine gute Portion mehr an Selbstliebe vertragen. Ihr geringes Selbstvertrauen blockiert Sie in manchen Bereichen bei Ihrer Entfaltung. Es gibt vermutlich viele Situationen, mit denen Sie wesentlich souveräner umgehen könnten.
  Die gute Nachricht: Ihre mangelnde Selbstliebe ist nicht angeboren, sondern vergleichbar mit einer über viele Jahre erlernten schlechten Angewohnheit. Daher haben Sie die Möglichkeit, eine neue Sichtweise auf Ihr Selbst zu erlernen. Lernen erfordert Zeit und Geduld – und ist meist effektiver mit der richtigen Anleitung.

- **Mehr als 9-mal „Ja"**
  Werden Sie aktiv steuern Sie dagegen!
  Entweder hat ein akutes Ereignis Sie emotional aus der Bahn geworfen oder Sie leben schon länger in einem chronischen Zustand ständiger Selbstkritik und Selbst-Ablehnung. Ihre Wahrnehmung wird sehr von Minderwertigkeitsgefühlen bestimmt.
  Was immer der Auslöser oder die Ursachen für Ihre derzeitige Situation sein mag, Sie haben es in der Hand, sich mit sich selbst wieder wohler in Ihrer Haut zu fühlen.
  Doch überfordern Sie sich nicht! Es ist sehr schwierig, sich im Alleingang aus eingefahrenen Mustern zu befreien und eine dauerhafte Veränderung herbeizuführen. Zögern Sie nicht, kompetente Unterstützung in Anspruch zu nehmen!

8 Tipps für mehr Selbstliebe

1. Akzeptieren Sie sich als liebenswerten Menschen

Trennen Sie zwischen sich als Person auf der einen Seite und Ihrem Verhalten auf der anderen Seite. Sie sind nicht Ihr Verhalten! So wie eine Stradivari eine Stradivari bleibt, auch wenn ein Musiker ihr falsche Töne entlockt oder eine Saite reißt, so bleiben Sie ein liebenswerter Mensch, auch wenn Sie Bockmist bauen!

2. Stoppen Sie Selbstkritik

Weigern Sie sich, sich selbst zu kritisieren oder kleinzumachen. Üben Sie, sich auch dann nicht zu beschimpfen (auch nicht in Gedanken!), wenn Sie einen Fehler gemacht haben. Wenn Sie sich bei negativen Gedanken über sich selbst ertappen, halten Sie sofort mit Erinnerungen an Erfolge dagegen.

3. Stärken Sie sich den Rücken

Jagen Sie sich nicht selbst durch finstere Gedanken Angst ein. Stärken Sie sich selbst den Rücken und sprechen Sie sich Mut zu, wenn Sie zweifeln. Lassen Sie auch nicht zu, dass Menschen in Ihrer Umgebung Sie runterziehen. Gehen Sie denen aus dem Weg.

4. Üben Sie mehr Geduld

Haben Sie mehr Geduld mit sich. Seien Sie nachsichtig mit sich, wenn Sie etwas Neues lernen und es nicht auf Anhieb klappt.

5. Loben Sie sich

Loben Sie sich für die kleinsten Fortschritte auf dem Weg zu mehr Selbstliebe. Kritik zieht Sie runter, Lob baut Sie auf.

6. Zeigen Sie Nachsicht mit Ihren Schwächen

Machen Sie sich bewust, dass wir alle Schwächen und Fehler haben. Diese werden nicht besser oder verschwinden, wenn wir uns dafür kritisieren.

7. Seien Sie sich selbst ein guter Freund

Wann immer Sie in den Spiegel schauen, lächeln Sie sich liebevoll zu und sagen sich „Hallo mein Freund". Gute Freunde helfen und unterstützen sich, gute Freunde bauen auf und motivieren, gute Freunde haben ein offenes Ohr für Sorgen und Nöte.

8. Machen Sie den Spiegeltest

Schauen Sie in einen Spiegel, lächeln sich zu und schauen sich in die Augen. Sagen Sie sich: „Ich liebe dich." Können Sie sich diese drei Worte mit einem guten Gefühl sagen? Können Sie sich dabei wohlwollend betrachten? Versuchen Sie es immer wieder einmal, bis es sich gut für Sie anfühlt.

4. Ich-Stärker: Selbstsicherheit – sich selbst vertrauen

„Verwende die Steine, die dir das Leben in den Weg legt, um dein Fundament zu stärken."

DIETER UECKER

Mut und Entschlossenheit

Merkmale von Selbstsicherheit sind der Mut, Chancen zu ergreifen, die Ihnen eine Verbesserung Ihrer Situation erlauben, und die Fähigkeit, Probleme entschlossen anzupacken und die eigenen Möglichkeiten zur Machtausübung zu nutzen.

Mut und Entschlossenheit entscheiden darüber, wie gut es Ihnen gelingt, Ihre Pläne und Projekte erfolgreich umzusetzen, wie leicht es Ihnen fällt, während der Umsetzung die nötige Entscheidungskraft aufzubringen, und wie schnell Sie dabei vorankommen.

Schon in „Business as usual"-Situationen, im ganz normalen Arbeitsalltag sind diese beiden Tugenden unentbehrlich, wenn Sie nicht zum Spielball der Interessen anderer werden wollen. Umso mehr gilt das in krisenhaften Situationen.

Wenn Sie sich beispielsweise in Gesprächen und Verhandlungen durchsetzen wollen, um sich für Ihre Mitarbeiter starkzumachen oder um Ihre eigenen Interessen zu verfolgen, kommt es beileibe nicht nur auf Ihre Argumente an. Genauso wichtig ist es, dass Sie Selbstsicherheit und Souveränität signalisieren. Dies erfolgt vor allem über Ihre Körpersprache.

Durchsetzungsschwache Menschen sabotieren ihre Ziele vor allem dadurch, dass sie sich körperlich klein machen und wenig Raum einnehmen, ihre Kritik oder Forderung durch Lächeln entschärfen, zu leise oder monoton sprechen und kaum Blickkontakt halten. Wenn Sie eine selbstsichere Ausstrahlung entwickeln wollen, können Sie auf einen Wechselwirkungsmechanismus setzen:

Die innere Haltung beeinflusst die äußere Wirkung ...
Ihre Psyche meldet dem Körper, wie er sich verhalten soll. Unsicherheit schlägt sich in der Körpersprache nieder. Selbstbewusstsein und Zuversicht führen zu selbstsicherer Körpersprache.

... und die äußere Haltung beeinflusst die innere Haltung
Machen Sie sich bewusst, welche äußeren Signale Sie senden, wenn Sie gerade besonders selbstbewusst sind: Wie stehen Sie dann, wie ist Ihre Gestik etc. Achten Sie dabei vor allem auf die einfach nachzuahmenden Dinge wie zum Beispiel aufrechter Oberkörper, aufrechter Kopf oder Ähnliches.

In der nächsten Situation, in der Sie bemerken, dass Sie Ihr Standing und Ihre Selbstsicherheit verlieren, nehmen Sie einfach die analysierte Körperhaltung bewusst ein. Ich garantiere Ihnen: Andere Signale folgen automatisch nach und Ihr Körper meldet Ihrer Psyche: „Alles O.K., Selbstsicherheit und Gelassenheit empfinden."

Selbstcheck: Wie steht es um Ihre Selbstsicherheit?

Welche der folgenden Eigenschaften treffen auf Sie zu?
- ☐ Ich fühle mich oft als Opfer der Umstände.
- ☐ Ich werde anderen gegenüber aggressiv, wenn ich wütend bin oder mich ungerecht behandelt fühle.
- ☐ Ich gebe in Gesprächen häufig der anderen Person die Schuld.
- ☐ Es fällt mir schwer zuzugeben, wenn ich im Unrecht bin.
- ☐ Ich lade mir zu viel auf und kann schlecht Nein sagen.
- ☐ Ich bin extrem kritisch mir selbst und anderen gegenüber.
- ☐ Ich verwende häufig extreme Wörter wie „nie" oder „immer", wenn ich mit anderen über ihr Verhalten spreche.

☐ Ich vermeide Konfrontationen um jeden Preis und habe Schwierigkeiten, mich selbst zu behaupten.

Schon wenn nur eine der Aussagen auf Sie zutrifft, lohnt es sich, an Ihrer Selbstsicherheit zu arbeiten. Erstellen Sie sich einen Aktionsplan, um positive Veränderungen zu erreichen. Das geht leichter, als Sie im Moment vielleicht noch glauben!

Bestimmen Sie zunächst einmal, wohin die Reise geht – von welchem Ausgangspunkt starten Sie? Dazu dient Ihnen die folgende Skala. Schätzen Sie sich selbst ein: Wie selbstsicher sind Sie auf einer Skala von 1–10?

1	2	3	4	5	6	7	8	9	10
passiv				selbstsicher					aggressiv

Ob Sie sich als zu passiv oder zu aggressiv eingestuft haben, in beiden Fällen braucht es mehr Selbstsicherheit, um in die Mitte zu kommen.

Sie sind noch nicht in der Mitte? Dann nehmen Sie sich folgende Tipps zu Herzen:

4 Tipps für mehr Selbstsicherheit

1. Halten Sie sich öfter vor Augen, was Sie können.

Sie bauen damit die nötige Selbstsicherheit für souveränes und durchsetzungsstarkes Verhalten auf und bleiben auch in schwierigen Situationen stets guter Dinge. Das hilft Ihnen bei der Meisterung noch so großer Herausforderungen.

Extratipp: Führen Sie ein Erfolgstagebuch!

Besorgen Sie sich ein leeres Buch oder Heft und schreiben Sie möglichst regelmäßig jeweils mindestens 5 Punkte auf, die Ihnen am jeweiligen Tag gut gelungen sind, wofür Sie gelobt wurden, was Sie an Vorsätzen umgesetzt haben, worauf Sie stolz sind etc. Anfangs kann es sein, dass Ihnen nicht viel einfällt. Dies ist ein deutliches Zeichen, dass Ihr Selbstbewusstsein etwas „Dünger" gut brauchen kann! Bleiben Sie dran und beachten Sie auch kleine Erfolge. Ich garantiere Ihnen, schon nach kurzer Zeit werden Ihnen viel mehr als 5 Dinge an einem Tag auffallen und Ihre Selbstsicherheit wächst und gedeiht.

2. Achten Sie auf Ihre Gedanken.

Diese beeinflussen und verstärken Ihre Gefühle. Wenn Sie das nächste Mal bemerken, wie Sie sich in einem inneren Dialog selbst beschimpfen („Du bist so blöde"), dann sagen Sie sich laut „Stopp!" und lenken Sie sich ab. Oft reicht dazu schon ein kurzer Ortswechsel oder einfach kurz vom Stuhl aufstehen. Auch wenn Sie sich gedanklich über andere Menschen ärgern, schwächt das letztlich Sie selbst. Stoppen Sie auch solche wütenden, neidischen oder gehässigen Gedanken über andere.

3. Achten Sie auf Ihre Körperhaltung.

Aus der Embodimentforschung ist bekannt, dass eine simple Veränderung der Körperhaltung für eine veränderte mentale „Haltung" sorgt. Bringen Sie deshalb Ihren Körper bewusst in eine selbstsicher-aufrechte Haltung, selbst wenn Ihnen nicht danach ist. Ihr Gehirn wird die entsprechenden Botenstoffe aussenden, die für mehr Selbstsicherheit sorgen – versprochen!

4. Verlassen Sie Ihre Homezone und suchen Sie Herausforderungen!

Wir alle haben einen Fähigkeitsbereich, in dem wir uns schon absolut auf uns verlassen können, wo wir locker, selbstverständlich und mit großer Selbstsicherheit agieren können. Ich nenne das die „Homezone". Beispielsweise könnte es in jemandes Homezone liegen, vor einer kleinen Gruppe im Sitzen eine Idee kundzutun. Er hat es schon oft gemacht, denkt gar nicht mehr darüber nach, welche Argumente er wählt, wie er sitzt, wann er was macht. Der gleiche Mensch könnte aber Sorge haben, vor einem größeren Publikum zu referieren. Das würde ihn in einen Bereich außerhalb seiner Homezone bringen. Und dort fühlt sich nichts locker und selbstverständlich an! Da ist es doch verständlich, dass er möglichst durchgehend in seiner Homezone bleibt!

Verständlich ja – aber der Daueraufenthalt in Ihrer Homezone killt Ihre Selbstsicherheit! Wachsen tut da gar nichts mehr! Ihre Selbstsicherheit entwickeln Sie nur, indem Sie sich in Herausforderungen erproben und auf diesem Weg immer mehr Vertrauen in Ihre Fähigkeiten entwickeln. Allerdings kommt es dabei darauf an, dass Sie sich geeignete Herausforderungen suchen, nämlich diejenigen, die in der an die Homezone angrenzenden Lern- oder Stretchingzone angesiedelt sind. Würden Sie sich gleich einen zu großen Schritt weit außerhalb Ihrer Homezone zumuten, könnte auch das Gegenteil passieren: Ihre Selbstsicherheit könnte einen empfindlichen Dämpfer bekommen. Das muss nicht sein und ist individuell unterschiedlich, aber das Risiko steigt.

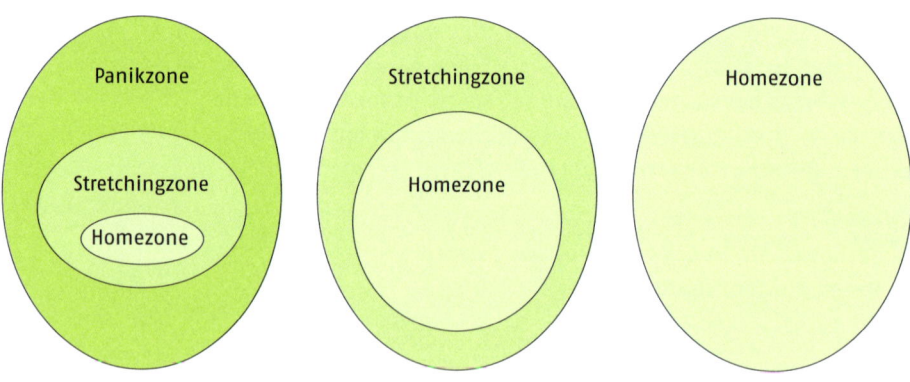

Bamboo stärkt unseren flexiblen Stamm

Nehmen wir nochmals das Beispiel des Präsentationsmuffels: Er hat also vor kleinen Gruppen kein Problem, zumindest wenn er dabei sitzen darf. Er weiß, was zu seiner Homezone gehört. Das ist auch das Erste, was für Sie wichtig zu wissen ist: Was ist in Ihrer Homezone möglich? Wo sind Sie jetzt schon selbstsicher?

Mal angenommen, er würde als nächste Herausforderung eine Rede vor 4000 Menschen anpeilen – wie wahrscheinlich ist es, dass er damit eine gute Selbstsicherheit steigernde Erfahrung macht? Eher unwahrscheinlich, klar, oder? Er könnte damit in die Panikzone geraten, die so viel Angst auslöst, dass Lernen gar nicht mehr möglich ist. Aber als Ziel kann er sich das durchaus vornehmen. Er stretcht sich einfach von Herausforderung zu Herausforderung immer näher an sein Ziel und achtet dabei darauf, dass die Herausforderung immer gerade so groß ist, dass sie dicht an seiner Homezone ist, aber eben nicht mehr drin. Nur so kommt er weiter. Ein wenig prickeln darf es schon! Seine Homezone dehnt sich dabei immer weiter aus, die Panikzone wird immer weiter weggedrängt und schon bald gehört zur Homezone, was eben noch in der Panikzone angesiedelt war.

4. Ich-Stärker: Selbstsicherheit

Bamboo nährt uns durch immergrüne Blätter

Bambusblätter bleiben das ganze Jahr über grün und kommen zwar heftig in Bewegung, wenn ein Sturm aufzieht, fallen aber nicht zu Boden. Sobald der Sturm zu Ende ist, wenden sie sich unbeirrt wieder der Sonne zu. Mit den folgenden energiespendenden Resilienzfaktoren wird es Ihnen leichtfallen, sich immer wieder auf die Sonnenseite zu stellen und Kraft zu tanken.

1. Energiespender: Handlungsspielräume nutzen – sich auf das Machbare konzentrieren

„Es gibt eigentlich keine einzige Lebens- oder Leidenssituation, die nicht irgendeine Möglichkeit böte, sie in eine sinnvolle Leistung umzuwandeln."

VIKTOR FRANKL, DER PSYCHOLOGE UND WIENER JUDE, DER SEINE GESAMTE FAMILIE IM KZ VERLOREN UND DAS KZ ÜBERLEBT HAT.

Wie ist es bei Ihnen? Worauf fokussieren Sie Ihre Aufmerksamkeit? Auf das, was unabänderlich ist, oder auf den Bereich, den Sie beeinflussen können? Befürchten Sie auch manchmal, es gäbe keine Lösung für Ihr Problem?

Machen Sie es wie Herr Bauby in der folgenden Geschichte: Schütteln Sie die Ketten ab, die Sie resignieren lassen, und werden Sie frei wie ein Schmetterling.

Als Vorspeise Schnecken, danach eine köstliche Spezialität aus dem Burgund – Rindergulasch in Rotwein, eine Portion Sauerkraut mit Speck obendrein –, ein gutes Glas Wein dazu und als Dessert ein saftiger Aprikosenkuchen. So der Tagtraum eines Halbverhungerten, der zu 99,8 Prozent gelähmt ist und trotz künstlicher Ernährung in 20 Wochen 30 Kilo abgenommen hat. Leider nur ein Traum, dessen ist sich der Journalist Bauby bewusst. Denn er ist trotz seiner Totallähmung geistig hellwach und er weiß, dass er nie wieder einen Bissen kauen wird, geschweige denn schlucken oder schmecken.

Freier Geist

1995 erkrankte der ehemalige Chefredakteur der Pariser Frauenzeitschrift „Elle" an einer sehr seltenen Krankheit, dem Locked-In-Syndrom. Seitdem kann er weder essen, sprechen noch sich bewegen. Das Einzige, was noch geht: Er kann mit seinem linken Augenlid blinzeln. Dass die Welt dennoch von seiner erdachten Tafelfreude weiß, liegt daran, dass der Mann seine Erfahrungen mit fast unglaublicher Willenskraft in einem Buch festgehalten hat. Wie aber verfasst man ein Buch, wenn man, so Baubys Umschreibung seines Zustands, „bei vollem Bewusstsein auf ein Quallendasein herabgemindert" ist? Unmöglich? Nicht, solange man noch blinzeln kann.

Das „Diktat" war extrem mühsam: Für jeden einzelnen Buchstaben, den der Patient zu Papier bringen wollte, musste seine Logopädin das Alphabet aufsagen. Wenn sie an der richtigen Stelle angelangt war, schickte ihr der Kranke ein Augenblinzeln, und sie schrieb den entsprechenden Buchstaben auf. Ungefähr 180.000-mal wiederholte sich diese Prozedur über die Monate, bis das weltweit einzige geblinzelte Buch endlich fertig war. Baubys Memoiren „Schmetterling und Taucherglocke" sind voller Lebensfreude, Poesie und philosophischer Einsichten. Der Autor starb 1997 wenige Tage nach der Veröffentlichung seines Buches.

Bauby hatte nur einen winzigen Handlungsspielraum, aber den hat er optimal genutzt. Sein Fokus ist offensichtlich auch nicht auf das gerichtet gewesen, was ihm alles nicht mehr möglich war, sondern auf das, was er noch tun konnte: blinzeln. Und er hat eine Lösung gefunden, was er mit diesem minimalen Handlungsspielraum anfangen kann: diktieren.

Werden Sie zum aktiven Gestalter der Umstände!

Richten Sie sich konsequent auf Handlungsspielräume und Lösungen aus! Alle Ereignisse um uns herum, die Einfluss auf uns nehmen, fallen in zwei Bereiche:

1. Unveränderliche Rahmenbedingungen (Opferprinzip)
Das ist der Bereich, der unser Leben beeinflusst, aber von uns nicht beeinflusst werden kann. In diesem Bereich ist keine Kontrolle möglich. Verharre ich hier, werde ich zum Opfer der Umstände.

2. Handlungsspielraum (Gestalterprinzip)
Das ist der Teil in unserem Leben, den wir aktiv beeinflussen können, indem wir
- selbst handeln (direkte Kontrolle),
- andere zu einer Handlung veranlassen (indirekte Kontrolle)
- oder etwas bewusst unterlassen (direkte Kontrolle).

Es gibt immer einen Handlungsspielraum! Und wenn er noch so klein ist: Einen Handlungsspielraum gibt es immer! Und in den allermeisten Fällen Ihrer Arbeitspraxis bleibt deutlich mehr übrig als nur noch ein Blinzeln. Diesen zu erkennen ist die Kunst. Entscheidend ist, worauf Sie Ihre Aufmerksamkeit richten, also welchen Fokus Sie in Ihren Sucher nehmen.

Statt sich über Dinge zu ärgern, die wir ohnehin nicht ändern können (unveränderliche Rahmenbedingungen), sollten wir unser Handeln auf das konzentrieren, was in unserem Einflussbereich (Handlungsspielraum) liegt – der sich dadurch nach und nach vergrößert. Wenn Sie Ihren Fokus immer nur auf die Rahmenbedingungen richten, werden Sie vermehrt die unabänderlichen Aspekte wahrnehmen und schließlich auch keinen Handlungsspielraum mehr erkennen können. In der Folge werden Sie weniger handeln und immer passiver. Damit machen Sie sich zum hilflosen Opfer. Konzentrieren Sie sich aber auf Ihren Handlungsspielraum, werden Handlungsenergien frei und Sie können wieder konstruktiv auf die Umstände reagieren. Damit entsteht ein selbstverstärkender, motivierender Prozess, der Ihren Handlungsspielraum immer weiter vergrößert: Sie werden zum Gestalter der Umstände.

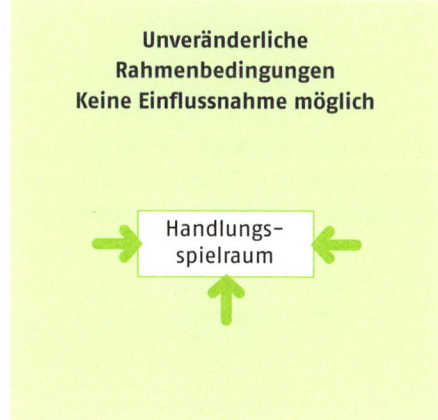

Vergessen Sie nie: Ganz gleich, wie unbeeinflussbar eine Situation zunächst auf Sie wirkt, Sie selbst haben immer die Kontrolle über:
- die Bedeutung, die Sie einer Sache geben,
- den Fokus, den Sie wählen,
- den Schritt, den Sie als nächsten tun!

Übung: Handlungsspielräume erkennen und ausdehnen

1. Teil: Schärfen Sie Ihren Blick für Handlungsspielräume bei anderen

Beobachten Sie in den nächsten Wochen einmal Menschen in Ihrem Umfeld unter dem Gesichtspunkt, wie sehr diese nach Ihrer Einschätzung ihren jeweiligen Handlungsspielraum nutzen oder auch nicht. Bei anderen ist das im ersten Schritt meist leichter zu sehen als bei sich selbst. Wenn die Auserwählten häufig Verhaltensweisen nutzen, die nichts verändern (zum Beispiel Nörgeln und Klagen), haben Sie schon einen wichtigen Indikator für das von denen gelebte Opferprinzip.

2. Ausdehnen des eigenen Handlungsspielraums

Wählen Sie nun ein frustrierendes Problem aus Ihrer Arbeitspraxis aus. Bestimmen Sie,
a) ob es direkter, indirekter oder keiner Kontrolle durch Sie unterliegt.
b) Machen Sie sich gezielt auf die Suche nach Ihrem Handlungsspielraum, auch wenn Sie das Problem als außerhalb Ihrer Kontrolle klassifiziert haben.
c) Identifizieren Sie den ersten Schritt, den Sie in Ihrem Einflussbereich tun können,
d) und tun Sie dann diesen Schritt.

Übung: Berg in Schotter zerlegen

Diese Visualisierungsübung wird Sie dabei unterstützen, in scheinbar ausweglosen Situationen wieder den Überblick zu bekommen und große Herausforderungen schrittweise in kleine Teile zu zerlegen, die Sie leichter handhaben können.

1. Schritt: Wählen Sie eine Herausforderung aus, die Sie belastet und Ihre Zufriedenheit mindert.
2. Schritt: Stellen Sie sich einen Berg vor. Dieser Berg repräsentiert symbolisch das Hindernis zwischen Ihnen und Ihrer Zufriedenheit. Sie kön-

nen sich auch eine reale Barriere aufbauen, indem Sie kleine Gegenstände zu einem Berg aufeinanderschichten. Jeder Stein/Gegenstand in diesem Berg repräsentiert einige Aspekte der Herausforderung. Nehmen Sie sich einige Minuten Zeit, um den verschiedenen Teilen der Herausforderung Namen zuzuordnen.

3. Schritt: Verbringen Sie einen Moment Zeit damit, sich auf Ihren Wunsch zu konzentrieren, die Barriere zu überwinden. Sie wollen nicht länger auf der belastenden Seite der Herausforderung hängen bleiben. Um Zufriedenheit zurückzuerlangen, werden Sie einen Weg finden, um auf die andere Seite zu kommen. Sie werden sich erheblich besser fühlen, sobald Sie dort angekommen sind.

4. Schritt: Wählen Sie den Teil der Herausforderung aus, auf den Sie sich in diesem Moment am besten vorbereitet fühlen. Konzentrieren Sie sich auf einen einzelnen Stein und darauf, was Sie tun oder sagen könnten, um diesen Stein aus dem Weg zu räumen. Wenn Sie mit einem realen Berg arbeiten, können Sie eines Ihrer Objekte entfernen, nachdem Sie erfolgreich damit gearbeitet haben.

5. Schritt: Jetzt wählen Sie einen Teil des Problems, den Sie in der Vergangenheit erlebt und erfolgreich überwunden haben. Das sollte es Ihnen ermöglichen, einige weitere Steine aus dem Berg zu schlagen.

6. Schritt: Jetzt denken Sie an einen Teil des Problems, für den Sie Unterstützung finden könnten. Verbringen Sie einen Moment Zeit damit, über verschiedene kleine Wege nachzudenken, wie andere Menschen Ihnen helfen könnten.

7. Schritt: Der Berg kann weiter zerlegt werden, indem Sie darüber nachdenken, welcher Teil des Problems Sie am wenigsten beeinträchtigt. Denken Sie darüber nach, mit welchen Aspekten des Problems Sie im Moment am besten leben könnten.

8. Schritt: Fragen Sie sich, welcher Teil des Problems sich am wahrscheinlichsten mit der Zeit von selbst lösen wird. Das wird Ihnen erlauben, einige weitere Steine aus dem Berg zu schlagen.

9. Schritt: Wenn Sie genug Steine beiseitegeschafft haben, um über den Berg zu steigen, stellen Sie sich vor, wie Sie auf die andere Seite gehen. Gehen Sie um die verbleibenden Teile des Berges herum. Entscheiden Sie sich, ob Sie hier aufhören möchten oder nach weiteren Möglichkeiten suchen wollen, die Sie ausarbeiten können, um das Problem weiter zu zerlegen.

O.K. Wenn ich das richtig verstehe, heißt das ja, dass ich mir meine Begrenzungen selbst erschaffe, ja?

Na, ganz so ist es nicht gemeint. Natürlich gibt es Situationen, in denen Sie rein gar nichts tun können. Außer eben Ihre Einstellung dazu zu ändern. Ketten sind Ketten. Aber wie stark Sie sich von ihnen einschränken lassen, liegt in Ihrer eigenen Entscheidung. Die Kraft, sie zu sprengen, entsteht vor allem dann, wenn Sie die Ketten einfach nicht mehr als Einschränkung wahrnehmen und sozusagen um sie herum denken. Niemand kann Sie in so schwere Ketten legen, dass nicht zumindest Ihr Geist frei bliebe. Fokussieren Sie am besten wie der Chefredakteur Bauby auf den auch noch so kleinen Handlungsspielraum, der Ihnen bleibt, und nutzen Sie diesen voll aus, um Ihren „Schmetterling" zum Fliegen zu bringen.

2. Energiespender: Vitalität erhalten – sich rüsten für den nächsten Sturm

> „Wer täglich schuftet wie ein Pferd, eifrig ist wie eine Biene, abends müde ist wie ein Hund, der sollte mal zum Tierarzt gehen – es könnte sein, dass er ein Kamel ist."
>
> ANDREAS ACKERMANN

Statt pausenlos zu schuften, ist es ratsam, die eigenen Fähigkeiten immer wieder aufzufrischen und zu verbessern. Dazu gehören die körperliche und mentale Vitalität ebenso wie Guthaben auf den emotionalen Bankkonten unserer Beziehungspersonen.

Die drei Dimensionen der Vitalität

Wir unterscheiden:
1. **Körperliche Vitalität:** Bewegung, Ernährung, das Gehäuse warten
2. **Mentale Vitalität:** Das Gehirn neu konstruieren, geistige Flexibilität, andere Wege gehen
3. **Spirituelle Vitalität:** eine stärkende Philosophie, ein positives Lebensgefühl, Balance und Schwung

Die Resilienzforschung hat festgestellt, dass sich resiliente Menschen unter anderem dadurch auszeichnen, dass sie Probleme aktiv angehen, sich unter Druck gut anpassen können, unter Stress die gleiche Leistung bringen können wie ohne Stress und sich nach Misserfolgen schnell erholen. Es braucht schon ein gerüttelt Maß an Elan, Lebendigkeit und Neugier, damit wir hellwach mit allen Sinnen genügend Begeisterung aufbringen, um im Job nicht zu resignieren und den Kopf nicht in den Sand zu stecken.

Für all das müssen wir körperlich und geistig vital sein. Vitalität ist eine der Voraussetzungen für Belastungsresistenz und Widerstandsfähigkeit. Nur mit körperlicher und geistiger Vitalität schaffen wir es, unbeschadet mit Stress und Zeitdruck umzugehen und den stärksten Entkräftern Angst und Kontrollverlust – dem Gefühl, ständig fremdgesteuert leben zu müssen – etwas entgegenzusetzen.

1. Körperliche Vitalität

Keine Sorge: Ich werde Sie hier nur sehr begrenzt mit den klassischen Sportempfehlungen behelligen – ich selbst gehöre nicht zu den Bewegungsfetischisten, die sich nur dann richtig wohl fühlen, wenn sie mindestens einmal am Tag ordentlich geschwitzt haben.

Zur körperlichen Vitalität gehört noch einiges mehr: Um Ihr körperliches Wohlergehen aufrechtzuerhalten, zu steigern oder wiederherzustellen, braucht es regelmäßige Bewegung (das muss kein Sport sein!), ausreichend Schlaf, einen gesunden Wechsel zwischen An- und Entspannung, bewusste Ernährung und Gesundheitsvorsorge.

Typisch für uns Menschen ist es, dass dies alles immer dann schnell auf der Strecke bleibt, wenn die Zeit knapp wird, weil Druck und Stress überhandnehmen. Je stressiger es wird, umso weniger nehmen wir uns die Zeit, uns zu bewegen, regelmäßig und gesund zu essen, genügend zu trinken oder regelmäßig Gesundheits-Checks zur Vorsorge durchzuführen. Solange unser Körper leidlich funktioniert, beachten wir ihn nicht – andere Dinge stehen im Vordergrund mit den bekannten Folgen.

Lassen Sie Ihr „Gehäuse" warten!

Dabei sollte es genau umgekehrt sein: Je anstrengender es gerade in Ihrem Job läuft, desto penibler sollten Sie Ihr „Gehäuse" regelmäßig warten, pflegen und in seine Intaktheit investieren. Denn: Ihre körperliche Vitalität stellt Ihnen im Bedarfsfall genau das Extraquäntchen Kraft zur Verfügung, das Sie brauchen, um noch eine weitere Umdrehung wagen zu können. Tun Sie regelmäßig etwas für sich! Damit Sie fit sind, wenn es darauf ankommt.

Bamboo nährt uns durch immergrüne Blätter

Hier ein kleiner Reminder für die Notwendigkeiten, die Sie wahrscheinlich kennen, aber im Stress immer wieder einmal vergessen:

- Bauen Sie so viel Bewegung wie möglich in Ihren Arbeitsalltag ein. Jede Bewegung zählt! Das können ein paar Treppen sein, einmal aufstehen und den ganzen Körper strecken oder wenigstens gelegentlich die Mittagspause für Fahrradfahren oder Joggen nutzen.
- Begeben Sie sich selbst mindestens so regelmäßig zu einem medizinischen Check-up, wie Sie Ihr Auto zur Wartung geben.
- Beantworten Sie schon Warnsymptome in Flüsterlautstärke mit einer Entspannungsphase.
- Warten Sie nicht, bis Ihr Körper „schreit" und richtig krank wird. Falls es doch passiert: Jetzt wird es Zeit für etwas mehr Ruhe. Kurieren Sie sich aus! Sie haben sicher schon einmal erlebt, wie jemand auf die Nase fällt, weil er zu früh wieder Vollgas gibt ...
- Gönnen Sie Ihrem Motor Körper guten Kraftstoff – Sie wissen schon: Es geht nicht ohne Vitamine.
- Eine Quelle der Entspannung kann es schon sein, wenn Sie Ihre Mahlzeiten bewusst einnehmen, also eben nicht schnell nebenher am PC.

Belastungen beeinflussen den Körper, die Emotionen und das Denken. Noch vor dem mentalen Bereich nimmt vor allem der Körper eine zentrale Rolle ein: Gerade er hat unter Druck besonders zu leiden und braucht besondere Aufmerksamkeit, um erfolgreich durch Krisen zu kommen.

Wenn sich unser Körper schlecht fühlt, geht es uns auch nicht gut. Bevor wir mentale Kraft aufbauen, müssen wir daher mit unserem Körper im Reinen sein. Wenn Sie körperliche Stressreaktionen in den Griff bekommen, bekommen Sie damit auch den Stress an sich in den Griff: Alles, was Sie in Stresszeiten an Positivem für Ihren Körper tun, kommt auch Ihrem Denken und Fühlen zugute.

Für den Körper ist Stress gleich Gefahr

Warum ist Stress im ganzen Körper zu spüren? Es ist seine Reaktion auf Gefahr. Jedes Mal, wenn wir uns gestresst fühlen, uns aufregen oder Angst vor einer Überlastung bekommen, blinkt im Körper eine Warnlampe mit der Neonschrift „Achtung Gefahr" auf. Er stellt uns daraufhin eine extra Portion Kraft und Energie zur Verfügung, damit wir dieser Gefahr standhalten können. Diese Energie zweigt er an einer anderen Stelle ab. Deshalb hat er dann beispielsweise nicht mehr ausreichend Energie für unsere Verdauung, Sexualität oder unser Immunsystem zur Verfügung. Denn für unseren Körper steht jetzt erst einmal im Vordergrund, uns mit der nötigen Kraft für einen Kampf oder eine Flucht zu versorgen. Dazu schüttet er unter anderem dass Stresshormon Cortisol aus.

So weit ist das ein völlig gesunder und grundsätzlich sinnvoller Prozess. Problematisch wird es aber dann, wenn die zur Verfügung gestellte Energie nicht wieder abgebaut wird und sich das Cortisol quasi staut. Das passiert recht schnell: Wenn eine Stresssituation länger anhält, bekommen Sie immer mehr Energie zur Verfügung gestellt, die nicht weiß wohin – vor allem wenn Sie wie die meisten von uns Ihre Arbeit vorwiegend im Sitzen erledigen. So wird die Zusatzenergie nicht verwendet und der Überschuss macht bald Probleme.

Wenn die zur Verfügung gestellte Energie auf Dauer nicht durch körperliche Betätigung abgebaut wird, schädigt uns das erheblich: Das Immunsystem schwächelt und wir kränkeln in der Folge häufig, dazu kommen Verdauungsbeschwerden, Magengeschwüre, Schlafstörungen und ständige Müdigkeit, wir geraten völlig aus dem Takt und stehen einer weiteren Belastungssituation geschwächt gegenüber.

Verlassen Sie den Teufelskreis

Schon moderates Herz-Kreislauftraining bringt uns aus diesem Teufelskreis: Es baut einerseits langfristig mehr Stressresistenz auf und ist andererseits die beste Sofortmaßnahme, um Stress im Akutfall sofort abzubauen.

Doch wenn die unerledigten Aufgaben überhandnehmen und die Zeit knapp wird, lassen die meisten als Erstes ihren Sport und ihre Abende im Fitness-Studio weg. Ihnen ist jetzt sicher wieder einmal aufgefallen, dass dies unklug ist. Damit geben Sie außerdem Ihr wichtigstes Zeitsparinstrument auf. Denn schon 30 Minuten Radfahren, Laufen oder Gymnastik füllen Ihren Krafttank so gut auf, dass Sie mühelos Wichtiges von Unwichtigem unterscheiden und damit Ihren Tag erfüllt genießen können.

In einer einfachen Formel ausgedrückt können Sie sich Folgendes merken: Im gleichen Maße, wie Ihr Herz pumpt und klopft, beruhigen sich Ihre Nerven und Ihr Kopf wird klar! Also packen Sie es an – auch Sie können eine Sportart finden, die Ihnen sogar noch Spaß macht. Fangen Sie heute noch an, so lange verschiedene Möglichkeiten auszuprobieren, bis Sie das Richtige für sich gefunden haben. Sie werden sehr schnell mit einem besseren Nervenkostüm belohnt. Versprochen!

2. Mentale Vitalität

Körper und Geist lassen sich nicht voneinander trennen. Das für den Körper Gesagte – wenn es Ihrem Gehäuse nicht gut geht, werden Sie sich auch sonst nicht gut fühlen – gilt auch umgekehrt: Wenn Sie sich gut fühlen, fühlt sich auch Ihr Körper gut. Denn wenn es uns gut geht, sind wir besser mit uns in Kontakt und versorgen auch unseren Körper besser.

Wir müssen uns also auch um unser geistiges, psychisches und persönliches Wohlbefinden kümmern, um uns vor Belastungen zu schützen. Dies ist möglich durch die bewusste Steuerung des Geistes bzw. die Lenkung der Aufmerksamkeit auf das, was uns Kraft gibt. Mit anderen Worten: Man kann mental den Verlauf der Dinge bewusst beeinflussen und daraus positive Energie schöpfen. Wir alle haben ein mächtiges Kraftwerk im Kopf – das gilt es zu nutzen!

Gedanken hinterlassen Spuren

Jeder Gedanke verändert die Struktur des Gehirns. Was wir als unser innerstes Wesen empfinden, ist biochemisch gesehen nichts anderes als ein ständiges Wachsen und Abbauen der Kontakte zwischen den Nervenzellen und damit ein Überschwemmen des Körpers mit Botenstoffen oder eben auch nicht. Jeder Gedanke, den wir haben, aktiviert Signalketten in unserem Gehirn, die körperliche Auswirkungen haben: Denken wir an den Termin, an dem wir über den Abschluss eines hochpriorisierten Projekts berichten müssen, welches eigentlich schon abgeschlossen sein sollte, schütten wir Stresshormone aus. Denken wir an die schon angekündigte Beförderung, überkommt uns ein Glücksgefühl aufgrund der entsprechenden Botenstoffe.

Alle Nervenverbindungen, die durch entsprechende Gedanken angeregt werden, bilden sich dadurch stärker aus. Diejenigen Verbindungen, die lange ungenutzt bleiben, werden schwächer. So bauen sich in unserem Kopf ständig neue Verbindungen auf und andere vergehen.

Das ist ganz ähnlich wie beim Skifahren: Um eine neue Spur im noch jungfräulichen Schnee anzulegen, braucht es eine Änderung im gewohnten Bewegungsmuster. Auch im Gehirn werden „Loipen" angelegt, die immer „tiefer" werden und sich immer stärker verfestigen, je öfter jemand eine bestimmte Erfahrung macht, etwas denkt, fühlt und so weiter. Jeder neue Reiz veranlasst das Gehirn, nach ähnlichen, bereits abgespeicherten Mustern des Erlebens zu suchen und diese wieder aufzurufen. Unbewusst wiederholen wir Menschen in unserer Kindheit entstandene und im späteren Leben immer wieder verfestigte Erlebens- und Verhaltensmuster. Die dabei aktivierten neuronalen Muster verstärken sich durch jede dieser Wiederholungen. Deshalb fällt es uns auch so schwer, neue Gewohnheiten auszubilden.

Denn natürlich ist es deutlich leichter, in der gespurten Loipe zu fahren. Wenn aber jemand von sich sagt: „So bin ich, ich kann nicht anders", bedeutet das aus Sicht der Hirnforschung nur, dass er seine Art zu fühlen und zu handeln durch den ständigen Wideraufruf der früher einmal entstandenen alten Muster stabilisiert. Jedes Mal, wenn wir etwas tun, was wir schon immer getan haben, wird die Loipe tiefer und damit die Wahrscheinlichkeit höher, dass wir bei der nächsten Gelegenheit wieder die gleiche leicht begehbare Loipe verwenden. Und das alles, ohne dass uns das bewusst wäre.

Die Hirnforschung zeigt uns aber, dass wir uns zu jedem Zeitpunkt unseres Lebens auch neu konstruieren können, indem wir irgendeines dieser altgewohnten Bewegungs-, Gefühls- oder Handlungsmuster verlassen und beginnen, anders zu sehen, zu fühlen oder zu handeln als bisher. Und schon bei einer kleinen Veränderung aus irgendeinem Bereich Ihrer Muster verändern sich alle anderen Bereiche praktischerweise gleich mit.

Konstruieren Sie Ihr Gehirn neu

Das heißt: Am Ende dieses Buches wird Ihr Gehirn nicht mehr das gleiche sein wie zuvor! Denn Sie werden über Dinge nachdenken, über die Sie zuvor noch nicht nachgedacht haben. Und es heißt auch: Es ist erstens ziemlich egal, womit Sie anfangen, wenn Sie sich eine Veränderung der Art, wie Sie die Welt wahrnehmen, wünschen. Zweitens profitieren Sie in jedem Fall von einem Dominoeffekt: Schon von der kleinsten Neuerung in Ihrem Tun, Denken oder Fühlen werden weitere Veränderungen angestoßen! Unser Gehirn ist einfach großartig!

Stellen Sie sich vor, Sie gehen mit diesem Wissen in die nächste Konfliktsituation mit einem nervenden Kollegen. Stellen Sie sich vor, Sie würden sich dieses Mal nur auf die Veränderung des Aspekts konzentrieren, der Ihnen am leichtesten fällt – also vielleicht verlassen Sie beim ersten Ton, der Sie auf die Palme bringt, das Spielfeld mit dem freundlichen Hinweis, Sie müssten zur Toilette, statt in ein Streitgespräch einzusteigen, von dem Sie aus der bisherigen Erfahrung schon wissen, dass es laut wird und dass Sie sich danach den Rest vom Tag elend fühlen werden. Vielleicht haben Sie das noch nie zuvor gemacht: das Spielfeld verlassen, bevor es zum Schlachtfeld wird. Diese kleine Änderung

Stellen Sie sich vor ...

wird auch eine Änderung in Ihrem Gefühl nach sich ziehen. Sich selbst gegenüber vielleicht in der Art „Hah, ich habe mich doch gut unter Kontrolle" statt „Ich weiß von mir, dass ich sehr impulsiv bin". Auch dem anderen gegenüber, denn die Situation ist anders. Und Sie müssen sich nicht den Rest des Tages elend fühlen.

Diese Minierfahrung löst etwas in Ihrem Hirn aus, falls die Erfahrung neu ist. Das nächste Mal ist es schon leichter, auf die neue Art zu reagieren. Und das übernächste Mal noch viel leichter – die neue Loipe ist gespurt.

Seitdem ich das weiß, habe ich viel mehr Lust, persönliche Entwicklungsprojekte anzupacken und dranzubleiben – ich empfinde es als sehr motivierend zu wissen, dass schon eine kleine Sache, die ich verändere, große Wirkung haben wird. Einen Teil davon kriege ich quasi geschenkt! Unser Hirn ist genial!

Auf genau die gleiche Art und Weise müssen Sie sich auch nicht länger unter Druck fühlen und von Stress überflutet werden. Fangen Sie einfach an, kleine für Sie typische Reaktionsmuster etwas zu variieren, und bauen Sie regelmäßig kleine Neuerungen in Ihr Leben ein. Dinge, die Sie zuvor nicht getan haben, Bewegungen, die für Sie ungewohnt sind, einen kleinen Ortswechsel, einmal kurz in einen anderen Raum wechseln. Schon solche Miniaktionen machen einen Unterschied für Ihr Gehirn und damit auch für Sie.

3. Sprituelle Mentalität

Um unser Kraftzentrum zu stärken, ist es wichtig, regelmäßig Entspannung im Arbeitsalltag einzubauen, Pausen einzulegen und mehr Dinge in unser Leben zu bringen, die uns begeistern oder doch zumindest Freude bringen. Ein positives Lebensgefühl ist eine unerschöpfliche Kraftquelle, die wir jederzeit anzapfen können und die sich schon mit kleinen Aktionen immer wieder auftanken lässt.

Suchen Sie sich etwas aus der folgenden Liste aus:
- Widmen Sie sich täglich mindestens einmal Dingen, die Ihnen Genuss bereiten, angenehm und lustvoll sind. Damit schaffen Sie die Voraussetzung für viele Glückserlebnisse. Dazu kann ein Spaziergang während der Mittagspause zählen oder gut Essen gehen.
- Planen Sie schon länger im Voraus Ihren nächsten Urlaub, damit Sie etwas zum Vorfreuen haben. Achten Sie bei Ihren Planungen darauf, dass der Urlaub im rechten Maß entspannend und inspirierend gestaltet wird, statt nur in Freizeitstress zu münden.
- Trainieren Sie sich darauf, abschalten zu können und Ärger hinter sich zu lassen. Schieben Sie ihn ganz bewusst zur Seite und sagen Sie sich: „Ich kann mich später auch noch ärgern, jetzt bin ich erst einmal dran!" Sie finden in den verschiedenen Kapiteln eine Vielzahl an Anregungen, wie Sie das trainieren können.
- Schaffen Sie sich eine Oase im Kopf, einen Ort Ihrer Träume, an den Sie sich jederzeit mental zurückziehen können, wenn es im Büro gar zu bunt wird.
- Drosseln Sie Ihr Tempo und frönen Sie dem Entschleunigungstrend: Für den Anfang könnten Sie zwischendurch einfach einmal ganz bewusst langsam gehen oder Ihre nächste Mahlzeit ganz in Ruhe und ohne Ablenkung einnehmen.
- Machen Sie sich selbst eine Freude: ein neuer Duft, eine Probefahrt mit dem neusten Porschemodell, selbst wenn man sich den nicht leisten kann, oder was auch immer Ihnen guttut.

Schaffen Sie ein positives Lebensgefühl

In Belastungssituationen werden auch von resilienten Menschen Täler durchschritten. Das gehört dazu und ist Teil des Resilienzprozesses. Auch Bamboo-Strategen kennen Phasen tiefer Niedergeschlagenheit, Verzweiflung, Mutlosigkeit und das Gefühl von Hilflosigkeit. Auch Menschen mit Resilienz reagieren darauf mit dem Wunsch nach Entlastung, Ablenkung und Rückzug. Gerade das macht Resilienz aus: die negative Seite der Medaille nicht ausklammern – das Unangenehme nicht ausblenden!

Höhen und Tiefen akzeptieren

Wenn Sie auf einem Trampolin springen, wird es Ihnen nicht gelingen, oben zu bleiben. Sie müssen nach unten kommen, um dann wieder nach oben katapultiert zu werden. Alles im Leben ist ein Hin und Her, Vor und Zurück, Auf und Ab. Oben finden Sie die Dinge, die Ihnen angenehm sind: Genuss, Erfolg, Glück, Zufriedenheit, Reichtum, gute Laune. Unten ist dagegen in unserer Wahrnehmung alles, was unangenehm ist, was wir ablehnen oder uns ängstigt: Verdruss, Misserfolg, Unglück, Unzufriedenheit, Armut, schlechte Laune.

Wo Licht ist, muss auch Schatten sein

Wie Licht und Schatten bilden aber diese Pole eine Einheit oder die beiden Seiten ein und derselben Medaille. Das Wissen um Negatives, Unerfreuliches und Trauriges ist eine wichtige Voraussetzung, um die positiven und angenehmen Seiten des Lebens wahrzunehmen und zu schätzen. Doch viele Menschen hoffen, nie die negative Seite des Lebens kennenzulernen. Sie sind nicht bereit, sich auch mit den Schattenseiten auseinanderzusetzen.

Sie möchten immer oben bleiben und nie mehr die Oberfläche des Trampolins berühren. Sie vermeiden alles, damit sie nicht „auf dem Boden der Tatsachen" ankommen. Sie bauen einen Stopper in ihr Leben ein, der den Abschwung verhindern soll. Dabei vergessen sie, dass sie sich damit alle Kraft nehmen, die sie brauchen, um wirklich nach oben zu kommen. Ein Mensch, der aus Angst vor negativen Erlebnissen und Erfahrungen das Trampolin seines Lebens stoppt, kann das Leben nicht mehr richtig genießen. Er ist vielleicht nie richtig traurig, aber auch nie wirklich glücklich. Er erlebt vielleicht nie einen dramatischen Misserfolg, weil er jedes Risiko scheut, aber auch der Erfolg bleibt nur im Mittelmaß. Dieser Mensch führt ein Leben ohne Kraft und Schwung. Was uns in Schwung hält, sind Schwierigkeiten. Nur wer bereit ist, seine Erfahrungen im unteren Bereich zu machen, bekommt Kraft und Schwung für oben. Das große Auf und Ab ist das volle Leben, das Sie resilient macht. Das kleine Auf und Ab entspricht einem Leben, dem Sie einen Stopper eingebaut haben, und bewegt sich sehr nah an einer Nulllinie.

Resiliente Menschen leben ein Leben mit Höhen und Tiefen, aber auch ein Leben voller Power, das sie stark macht für alles, was noch kommen mag. Keine negative Erfahrung wird sie im Tal festhalten. Sie haben so viel Schwung, dass er sie immer wieder nach oben trägt.

Mit voller Power auf dem Trampolin des Lebens

Ein Leben mit Höhen und Tiefen ist gefährlich. Doch die wirklichen Gefahren warten nur auf jene, die im Leben nicht agieren wollen. Denn bei einem energiearmen Leben stellt sich schnell das Gefühl von Leere und Sinnlosigkeit ein. Das macht unglaublich müde und lustlos. Haben Sie keine Angst vor den negativen Seiten des Lebens! Denn gerade dort können Sie Erfahrungen machen, die Ihnen Kraft und Lebendigkeit geben.

Übung: Die zwei Seiten einer Medaille

Welche Seite der nachfolgenden Beispiele liegt Ihnen mehr?

Auswertung
Betrachten Sie die Gegensatzpaare, wie die zwei Seiten einer Medaille: Es gibt zwei Seiten, die zusammengehören, ja gar nicht ohne einander können. Meist ist es aber so, dass wir eine Seite bevorzugen und besser beherrschen, weil wir uns öfter auf dieser Seite bewegen und

dort gut eingeübt sind. Versuchen Sie ab jetzt auch die andere Seite miteinzubeziehen, indem Sie sich in kleinen Schritten dort „hinstretchen", wo Sie sich bisher noch weniger virtuos fühlen. Denn nur die Fähigkeit, beide Seiten leben zu können, lässt Sie schwierige Situationen unbeschadet bewältigen. Nur beide Seiten zusammen ergeben eine glänzende Medaille!

Beispiel: Rückzug ←——→ Kontakt
Nur wer auch alleine für sich sein kann und die Zeit nutzt, um mit sich selbst ins Reine zu kommen, kann echte Nähe zu anderen aufbauen.

Für Leute, die wenig strukturiert leben, ist es wichtig, sich zum Ausgleich Strukturen zu geben. Wer dagegen sehr strukturiert lebt, sollte sich bewusst machen, dass manche Dinge Abstand und Ruhe benötigen, um sich zu entwickeln. Zum Beispiel die Frage, in welche berufliche Richtung ich mein Leben eigentlich steuern möchte.

Übung: Den Geist durch Fragen lenken

Wenn Sie eine kleine Oase im Alltag brauchen, stellen Sie sich doch einfach einmal eine der folgenden Fragen. Sie werden Ihren Geist in eine positive, Kraft spendende Richtung lenken und Ihnen genug Auftrieb geben, um die Dinge wieder frisch anzupacken:

- Wenn ich heute nur eine einzige Sache erledigen könnte, welche würde mir am ehesten das Gefühl geben, einen großen Schritt nach vorne gekommen zu sein?
- Wie kann ich meine Ziele erreichen und dabei Spaß haben?
- Worauf bin ich stolz in meinem Leben?
- Was erfüllt mich mit Begeisterung oder könnte mich mit Begeisterung erfüllen?
- Was werde ich tun, damit mein Leben so wird, wie ich es mir wünsche?
- Was werde ich heute tun, um meinem Lebenstraum ein Stück näher zu kommen?

Bamboo nährt uns durch immergrüne Blätter

Unangenehme Gefühle sind also irgendwie sogar gut für mich?

Ja, auf jeden Fall! Resilienz bedeutet auch eine Form von Elastizität oder geistiger Stretchingfähigkeit: die Fähigkeit, die jeweils passende Position zwischen scheinbaren Gegensätzen zu finden und ein „Sowohl-als-auch" statt „Entweder-oder" zu leben. Dazu gehört es, alle Emotionen, Handlungsimpulse und Bedürfnisse gleichermaßen anzunehmen und auch Schmerzen, Sorgen und Ängste nicht aus dem Leben zu verbannen. Auch unangenehme Gefühle sollten nicht ständig verdrängt werden: Angst, Sorgen, Trauer oder Wut machen uns darauf aufmerksam, dass etwas nicht in Ordnung ist, und wirken häufig sogar als Motor für positive Veränderungen.

Werden Sie sich darüber klar, dass Sie die Entscheidung für ein Leben mit Höhen und Tiefen oder für ein Leben mit gebremster Energie treffen können! Vitalität braucht schwungvolle Ausschläge und die gesamte Bandbreite der Aufs und Abs auf dem Trampolin des Lebens.

3. Energiespender: Durchsetzungsfähigkeit trainieren – sich souverän behaupten

„Wer sich nicht wehrt, der wird nicht geehrt."
ALTE BAUERNWEISHEIT

Sind Sie schon einmal an die Wand gespielt worden? Frech umdribbelt oder gar gefoult? Haben Sie schon einmal erlebt, wie es ist, wenn das eigene Standing plötzlich bröckelt und man in beruflichen Machtspielen unterliegt? Dann haben Sie möglicherweise auch erlebt, wie viel Kraft es kosten kann, diese Spiele weiterzuspielen, auch wenn andere sich nicht an die Regeln halten.

Gut zureden hilft selten

Sie wollen Fairplay? Nun, mit netten Bitten und gutem Zureden allein kommen Sie nicht weiter, denn überall, wo Menschen zusammen arbeiten, entsteht sofort auch eine Art Arena, in der um die beste Position in der Rangfolge gekämpft wird.

Es gilt, eine Balance zu entwickeln: Zu Stärke gehört untrennbar auch Nachgiebigkeit nach dem Motto: sich biegen, so weit der Sache dienlich – aber niemals brechen. Oder wie bei den immergrünen Blättern des Bambus: bewegen ja, fallen nie!

Warum fällt es uns gelegentlich so schwer, uns souverän durchzusetzen und an der passenden Stelle klar und bestimmt Grenzen zu setzen? In vielen Fällen wollen wir einfach unangenehme Konflikte vermeiden und ordnen uns lieber unter, als das Risiko einzugehen, als unangenehm dominant oder gar herrisch und unfreundlich wahrgenommen zu werden.

Natürlich möchten wir trotzdem Gehör für unsere Ideen und Vorschläge finden, uns vor Überlastung schützen oder unfaire Angriffe abwehren. Wir alle möchten angemessene Anerkennung bekommen und unsere eigenen Interessen verwirklichen, kurz: uns durchsetzen.

Aber was ist der beste Durchsetzungsstil? Immer lieb und nett sein bringt Sie ebenso wenig auf die Gewinnerseite wie unfaire Kampfhandlungen. Im ersten Fall nimmt man Sie und Ihre Belange nicht wirklich ernst, im zweiten Fall müssen Sie mit Vergeltungsmaßnahmen der Unterlegenen rechnen – die Zusammenarbeit wird konfliktreich.

Durchsetzungsfähigkeit bedeutet, die eigenen Interessen und Ziele zu kennen und angemessen zu verwirklichen. Im Idealfall, ohne die Qualität der sozialen Beziehungen nachhaltig zu beeinträchtigen. Ein Balanceakt, den Sie zwischen Abgrenzung von anderen und Kooperation mit anderen vollbringen müssen. **Auf die Balance kommt es an**

Doch es lohnt sich: Sich mit den eigenen Ideen, Talenten, Fähigkeiten und Zielen durchzusetzen, steigert nicht nur Ihre Wettbewerbsfähigkeit – es stärkt auch Ihren Bamboo, bringt Ihnen mehr Selbstbewusstsein und Lebensqualität.

Statusspiele: Das Gerangel um den Rang

Erfolg im Beruf hängt nicht nur von der Leistung ab, sondern auch von unserem persönlichen Auftreten und davon, wie wir mit anderen Menschen kommunizieren und dabei Machtverhältnisse gestalten. Ob wir als machtvoll oder machtlos wahrgenommen werden und wie gut wir uns aufgrund dieser Einschätzung von anderen durchsetzen können, wird auch stark durch meist unbewusst ausgesendete Statussignale bestimmt. In jeder Situation legen wir mit Stimme, Gesten und Worten unsere Position in der „Hackordnung" immer wieder neu fest. Bei jedem Gegenüber handeln wir unseren Status neu aus, indem wir uns permanent über- und unterordnen.

Statusspiele – das Gerangel um den Rang – finden unausweichlich immer und überall statt. Um das Spiel zu gewinnen, ist richtiges und vor allem bewusstes Statusverhalten entscheidend. Menschen, die wissen, wann sie hochstapeln müssen und wann sie lieber tief spielen sollten, setzen ihre Ziele durch. Und das nicht nur souverän, sondern auch sympathisch.

Beispiel Barack Obama

Wenige Tage nach seinem Wahlsieg im November 2009 besuchte Barack Obama mit seiner Gattin das Weiße Haus. Als Hausherr empfing ihn der Präsident der Vereinigten Staaten, George W. Bush. Die Begrüßungsszene machte Geschichte. Der junge Senator aus Illinois deklassierte den mächtigsten Mann der Welt innerhalb weniger Sekunden: Obama ging mit aufrechter Haltung und stetem Augenkontakt auf Bush zu, ergriff seine Hand und fasste den deutlich älteren Mann mit der Linken am Oberarm. Dies wirkte souverän und gönnerisch. Wenige Augenblicke später bewegten sich der Präsident und sein designierter Nachfolger in Richtung Haupteingang. Obama wies Bush den Weg und überließ ihm den Eintritt – als sei er bereits Herr des Hauses. Was Obama mit seiner Körpersprache zum Ausdruck brachte, ist nichts anderes als Statusverhalten. Die Signale, die er ausstrahlte, waren Statussignale.

Formal bekleidete Obama nicht den hohen Rang, den Bush zu diesem Zeitpunkt noch innehatte. Doch aufgrund seines Wahlsieges fühlte er sich innerlich überlegen, und das zeigte er, freilich ohne George W. Bush auf offensichtlich arrogante Weise zu behandeln.

Statusfragen in Politik ...

Dass es in der Politik um Statusfragen geht, ist keine Frage. Bei Bundestagsdebatten oder wenn Staatschefs sich begrüßen, untersuchen wir die eingefangenen Fernsehbilder automatisch danach: Wer zeigt durch seinen Auftritt, dass er höher steht als sein Gegenüber? Wessen Aussagen haben mehr Gewicht? Wie verteilt sich die Macht?

... und in unserem Alltag

In unserem Alltag aber blenden wir das Thema meist aus. Wie wir uns im privaten Miteinander, vor allem aber auch am Arbeitsplatz, unentwegt über- oder unterordnen, darüber wird kaum gesprochen. Meist machen wir es uns noch nicht einmal klar. Dabei sind Dominanz und Unterordnung notwendige Elemente der Kommunikation. Über Statussignale schränken uns andere ein und kontrollieren uns. Von unserem Gegenüber gesendete starke Hochstatussignale hemmen uns in unserer Kreativität und unserem Ausdruck – das Gleiche tun wir umgekehrt mit anderen. So kann es zu schweren Konflikten kommen, in denen einer herausplatzt: „Sie akzeptieren mich nicht" oder „Dauernd stellst du dich über mich!" oder „Sie halten sich wohl für etwas Besseres".

Reflexion des eigenen Statusverhaltens

Nicht nur im Hinblick auf Streitsituationen ist es lohnend, sich gezielt mit dem eigenen Status auseinanderzusetzen. Eine permanente Statusreflexion kann verhindern, dass es überhaupt zu manchen Konflikten kommt. Darüber hinaus bewirkt die Beschäftigung mit Statusfragen noch viel mehr, insbesondere auch für Führungskräfte, die in Sandwich-Positionen stecken. Sie können sich durch bewusstes Statusverhalten in ihrer Rolle als Führungskraft besser positionieren und in jeder Situation Akzeptanz finden – bei ihren Mitarbeitern ebenso wie bei den höhergestellten Verantwortungsträgern.

Unmerklich, in jeder Interaktion, in jeder Geste, jeder Mimik, jedem Satz handeln wir aus, wer in der aktuellen Situation das Sagen hat. Es gibt im beruflichen Kontext keine Gesprächssituation, in der Menschen denselben Rang teilen. Auch wenn der Rangunterschied oftmals nur minimal ist, ein gewisses Gefälle ist immer vorhanden.

Das liegt an den Signalen, die wir aussenden. Wir unterscheiden Hochstatus- von Tiefstatussignalen:
- **Hochstatus:** Da wir unseren Status bei jeder Begegnung neu aushandeln, haben wir in jedem Gespräch die Wahl: Wir können uns als überlegen und dominant präsentieren und klare Grenzen setzen. Dann senden wir Hochstatussignale an unser Gegenüber. Wir zeigen wenig Mimik, sprechen in

klaren, kurzen Sätzen, bewegen uns ruhig, machen ausladende Gesten und nehmen uns in unseren Ausführungen viel Zeit.
- **Tiefstatus:** Oder wir präsentieren uns als jemand, der sich unterordnet. Im Tiefstatus lassen wir dem anderen Raum und stellen Nähe her, indem wir lächeln, sprachliche Weichmacher wie „vielleicht" und „ein bisschen" verwenden, den Kopf zur Seite legen und körpernahe Gesten zeigen. Je nach Ausprägung – die Dosis macht das Gift – wirken wir im Hochstatus souverän bis hin zu arrogant oder aggressiv. Im Tiefstatus bekommen wir eher Sympathie und bauen Brücken. Wenn die Tiefstatussignale allerdings übertrieben werden, erscheinen wir unsicher und unterlegen.

Sie haben die Wahl

Sie sollten vor jeder Aktion eine Wahl treffen: Was ist Ihrem jeweiligen Ziel dienlich? Dabei geht es keinesfalls darum, immer ein Hochstatusverhalten an den Tag zu legen. Im Gegenteil: Wer etwa als Manager eine Unternehmensstrategie vorantreiben will, muss im Statusspiel mitunter tiefstapeln, sich auf die Ebene der Mitarbeiter begeben und die Mitarbeiter gleichzeitig erhöhen, um sie für die neue Strategie zu gewinnen. Wichtig ist nur, das Ziel im Auge zu behalten, dann kann das Tiefspielen den Weg zum Ziel und zu wirklich souveräner Durchsetzungskraft ebnen.

Zwei Tricks, um Grenzen zu setzen, ohne zu verletzen

Es gibt zwei bewährte Tricks, um Grenzen zu setzen, die Ihr Gegenüber nicht als Verletzung wahrnimmt:

1. Trick

Wenn Ihr Chef in einem Meeting sagt „Sie sind für nichts zu gebrauchen", dann kann man sich zwar eine schlagfertige Antwort ausdenken, aber das wird in einem solchen oder ähnlichen Fall zum einen schwerfallen, zum anderen traut man sich das verständlicherweise eher nicht und es wäre langfristig auch nicht zu Ihrem Vorteil. Ich verrate Ihnen einen bewährten Trick, wie Sie trotzdem etwas erwidern können, das einen Ausgleich für Sie schafft, aber niemanden verletzt. Der Trick besteht darin: Sie sprechen von Ihrem Gefühl! „Ich fühle mich durch Sie vor allen zurückgesetzt, Herr Paulsen." Sie setzen einfach nur die Worte „ich fühle ..." in die Aussage und dann beschreiben Sie den Zustand, in den Sie sich durch den anderen hineinversetzt erleben. Ihr eigenes Gefühl zu beschreiben, beleidigt niemanden – aber es weist den anderen trotzdem in die Schranken! Es wirkt als Verstärker, wenn Sie danach noch den Namen des Angreifers anfügen: „Ich fühle mich durch Ihre Aussage gekränkt, Frau Rothermund." Dieser Trick lässt sich übrigens auch sehr gut in Ihrer Beziehung einsetzen!

2. Trick

Ihr Chef oder ein Kunde wird Ihnen gegenüber laut, ungerecht oder unverschämt? Und Sie können aus begreiflichen Gründen nicht ebenso gegenhalten? Dann versuchen Sie doch einmal folgende elegante Variante einer „Bremse": Sagen Sie mit einem freundlichen Lächeln „Wir verlieren an Höhe, Herr Schmidt." Das funktioniert immer! Ich wende diesen Trick immer wieder gerne und mit Erfolg an.

Der Königsweg der Durchsetzungsfähigkeit: der „nahbare Souverän"

Durchsetzungsfähigkeit heißt, klare und angemessene Grenzen setzen können, um fair behandelt zu werden, und liegt zwischen den beiden Extremen „rücksichtslose Aggressivität" und „defensive Passivität". Ein wirklich durchsetzungsfähiger Mensch lebt keines der beiden Extreme aus. Aggressive „Alpha-Ekel" verhalten sich anderen gegenüber fordernd, arrogant, sehr distanziert und unfreundlich. Damit rufen sie starke Ablehnung hervor, wenn sie auch mit diesem Durchsetzungsstil häufig durchaus ihren Willen bekommen. Passive „Immerlieb" wirken schwach, sind machtlos und stellen ihre eigenen Interessen zugunsten anderer zurück. Dieses Verhalten bringt ihnen einige Sympathie, allerdings nimmt sie niemand besonders ernst, und „Alpha-Ekel" fühlen sich durch das unterwürfige Verhalten erst richtig bestätigt und drehen voll auf!

Der goldene Mittelweg

Menschen, die sich souverän durchsetzen können, wählen den goldenen Mittelweg und zeigen einen balanciert-flexiblen Durchsetzungsstil, denn sie wissen, wie sie ihren Standpunkt deutlich machen, ohne andere daran zu hindern, das Gleiche zu tun.

Das Fünf-Quadranten-Modell

Mit Hilfe der von mir entwickelten Fünf-Quadranten des Status-Signal-Systems haben Sie die Möglichkeit, Ihr eigenes Verhalten besser zu analysieren, um Ihren persönlichen Hebel für mehr Durchsetzungskraft zu finden und Ihr Gegenüber schneller einordnen zu können. Das System typisiert und kategorisiert mögliches Statusverhalten und beschreibt fünf Durchsetzungsstile. Erkennen Sie sich in einem oder auch mehreren Stilen wieder?

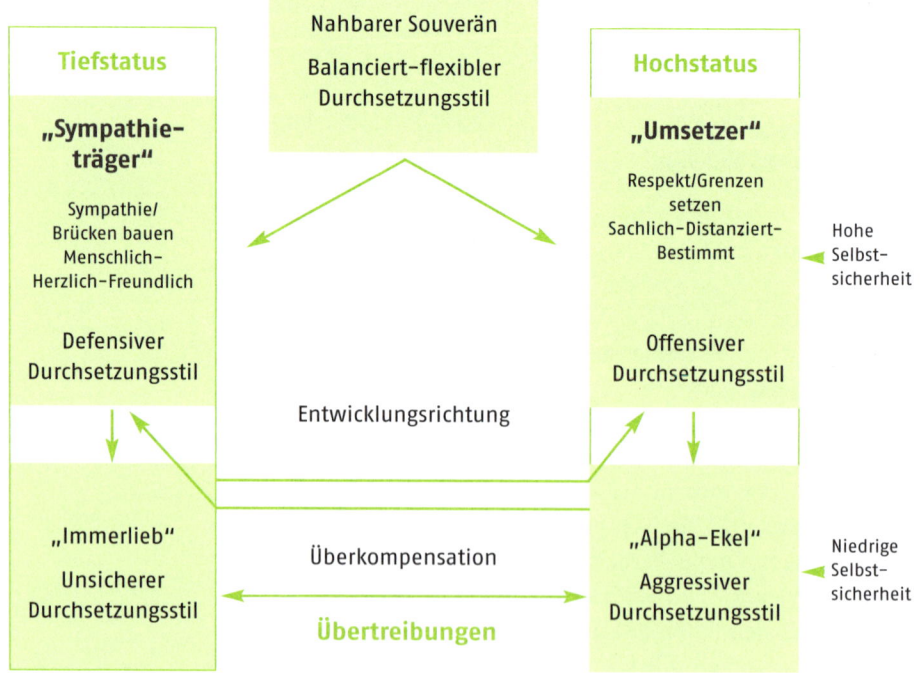

Bamboo nährt uns durch immergrüne Blätter

1. Der Immerliebe
Innerlich unsicher und wenig selbstbewusst. Nach außen hin im andauernden und übertriebenen Tiefstatus. Wirkt dadurch unterwürfig, schwach, unsicher, harmoniesüchtig und unterlegen. Ist beliebt, weil man ihm problemlos Extraarbeiten aufbürden kann, wird aber auch bei hoher Qualifikation nicht als Führungsfigur akzeptiert. Immerliebe sind machtlos und ringen erfolglos um Respekt und Rang.
Beispiele: Charlie Chaplin in seinen unterwürfigen Rollen, Heinz Erhardt.
Der Immerliebe repräsentiert den **unsicheren Durchsetzungsstil**.

2. Das Alpha-Ekel
Innen unsicher und wenig selbstbewusst. Nach außen hin dagegen dominant und im andauernden übertriebenen Hochstatus. Wirkt arrogant, aggressiv, unzugänglich, fordernd. Alpha-Ekel sind unbeliebt und locken keine Loyalität. Bei Höherrangigen werden sie schnell als Konkurrenz wahrgenommen. Alpha-Ekel laufen große Gefahr, sich zu isolieren.
Beispiele: Gerhard Schröder in der Elefantenrunde nach seiner Wahlniederlage, J. Ackermann im Mannesmann-Prozess mit dem berüchtigten Victory-Zeichen.
Das Alpha-Ekel repräsentiert den **aggressiven Durchsetzungsstil**.

3. Der Umsetzer
Innerlich und im Außenauftritt selbstbewusst und souverän. Wird als Führungsfigur wahrgenommen, die sich durch Durchsetzungsfähigkeit, Sachlichkeit und professionelle Distanziertheit auszeichnet. Seine höfliche Selbstsicherheit und Autonomie macht ihn zum souveränen Einzelkämpfer, der vielen wenig zugänglich scheint. Er hat kein Problem damit, auch einmal unpopuläre Entscheidungen gegen jeden Widerstand durchzusetzen. Er ist weniger konsensorientiert als der im Folgenden beschriebene Sympathieträger.

Beispiele: Wladimir Putin, Rene Obermann, Erika Steinbach, die eiserne Lady Margaret Thatcher.
Der Umsetzer repräsentiert den **offensiven Durchsetzungsstil.**

4. Der Sympathieträger
Innerlich sehr selbstsicher, nach außen hin in der Kommunikation jedoch eher im Tiefstatus. Wirkt souverän und zeichnet sich durch Freundlichkeit, Menschlichkeit und Herzlichkeit aus. Baut Brücken, lässt Nähe zu und zieht Menschen an. Hat manchmal das Problem, von Hochstatuspersonen als zu nett wahrgenommen zu werden.
Beispiele: Dalai Lama, Mahatma Gandhi.
Der Sympathieträger repräsentiert den **defensiven Durchsetzungsstil.**

5. Der nahbare Souverän
Balanciert zwischen den Polen. Ist sehr selbstsicher und schafft es, zwischen den Stati „Umsetzer" und „Sympathieträger" wahrgenommen zu werden. Er vereint deren Stärken in sich. Sendet nach außen sowohl Tiefstatus- als auch Hochstatussignale. Bindet Menschen an sich, wird jedoch jederzeit als Führungskraft und Entscheidungsträger akzeptiert. Entspricht dem kommunikativen Ideal.
Beispiele: Barack Obama, Anne Will.
Der nahbare Souverän repräsentiert den **balanciert-flexiblen Durchsetzungsstil.**

Keiner dieser Durchsetzungsstile ist unabänderlich. Wir alle haben je nach Situation schon Verhaltensweisen aus allen Quadranten gezeigt und tun es immer wieder. Wir sind flexibel in unserem Statusverhalten und passen es jeweils automatisch unserem Gegenüber an. Ziel ist es, sich dieses Verhalten bewusst zu machen und gezielt einzusetzen.

Die Qualitäten der beiden oberen grünen Quadranten (siehe Grafik) können nur dann eine konstruktive Wirkung entfalten, wenn sie als zwei „Schwestertugenden" begriffen werden, die den jeweils gegensätzlichen Pol vor einer negativen Übertreibung bewahren: Zu viel Menschlichkeit ohne das positive Gegengewicht von Sachlichkeit und professioneller Distanziertheit verkommt sonst zur naiven Nettigkeit des „Immerlieb".

Umgekehrt würde die Überbetonung der Qualitäten aus dem Quadranten rechts oben dem des „Umsetzers" ohne Korrektiv der Schwesterntugend zu deren Übertreibung führen und im „Alpha-Ekel" münden.

Ohne die Fähigkeiten des „Sympathieträgers" würden die wichtigen Verhaltensweisen des „Umsetzers" ins Negative verkehrt werden. Wir tun des Guten zu viel und werden als arrogant, fordernd und aggressiv wahrgenommen. Ohne die Durchsetzungsfähigkeit des „Umsetzers" hingegen wirken wir allzu freundlich und werden in der Folge nicht mehr ernst genommen und laufen Gefahr, dass man uns die Butter vom Brot nimmt.

Die Entwicklungsrichtung verläuft also von einer „Tugend", die durch Überbetonung keine mehr ist, zur Schwestertugend, von der es Anteile braucht, um das Ideal des „nahbaren Souverän" zu erreichen.

Menschen neigen dazu, während ihrer Entwicklungsbestrebungen von einem Extrem ins andere zu fallen (Überkompensation). So ist der Wandel vom „Immerlieb" zum „Alpha-Ekel" keinesfalls ungewöhnlich. Wenn jemand immer wieder die Erfahrung macht, nicht ernst genommen zu werden, kann er heftige Bestrebungen entwickeln, aus seinem Verhaltensmuster zu entfliehen. Würde er das nicht tun, würde ihn sein Umfeld auch kaum aus der „Schublade" entlassen! Meist gelingt es nicht gleich, sich in einen der positiven Zielquadranten zu bewegen – stattdessen entwickeln sich viele „Immerliebe" erst einmal zum „Alpha-Ekel".

Der Grund: Ein „Immerlieb" muss lernen, Sympathieverluste auszuhalten und mehr Unabhängigkeit von der Zustimmung seiner Umwelt zu erlangen. Diese Lernerfahrung kann er im Extrem als „Alpha-Ekel" machen und dabei üben, auch einmal richtig „böse" zu sein.. Umgekehrt wird ein entwicklungsbereites „Alpha-Ekel", das genug davon hat, abgelehnt zu werden, häufig besonders angepasst agieren. Diese Entwicklung vom „Alpha-Ekel" zum „Immerlieb" ist besonders nach großen Lebenskrisen zu beobachten, zum Beispiel nach einer wiederholten Scheidung, Kündigung oder nach beendeten Freundschaften. Die Sorge, an seinen Verhaltensmustern zu scheitern, führt zum extremen Verhaltensgegenteil, bis schlussendlich die Entwicklung in eines der positiven Verhaltensmuster gelingt.

Es braucht Selbstbewusstsein und schlicht Übung, um zu der idealen Kommunikationsfähigkeit eines nahbaren Souveräns zu gelangen. Die Übergänge zwischen den Durchsetzungsstilen der verschiedenen Quadranten sind also stark dynamisch. Dieses Wissen macht es besonders wertvoll, uns einem „Grundtypen" zuzuordnen und dementsprechend vor gewissen Negativdynamiken in Acht zu nehmen. So sollten „Umsetzer" besonders in Stresssituationen stark darauf achten, Hochstatussignale nicht auf überzogene Weise zu verwenden. Ackermanns „Victory" im Gerichtssaal beim Mannesmann-Prozess, seine provozierend selbstsichere Körpersprache und Gestik führte zu deutschlandweiter Empörung, die auch dann noch anhielt, als Ackermann erklärte, seine Geste sei ein Scherz gewesen. Als Angeklagter hätte es dem Vorstandsvorsitzenden der Deutschen Bank eher angestanden, einige wohldosierte Tiefstatussignale auszusenden.

Ebenso wichtig ist es für „Sympathieträger" beispielsweise, in Verhandlungssituationen nicht zu viele Tiefstatussignale auszusenden. Ansonsten werden sie, gerade wenn sie einem „Umsetzer" gegenübersitzen, schnell als „Immerlieb" wahrgenommen. Hier ist der bewusste Einsatz von Hochstatussignalen entscheidend für einen Verhandlungserfolg.

Wenn Sie situationsadäquat zwischen den Statuspolen wechseln, landen Sie genau dort, wo Barack Obama steht. Nicht, dass Sie Staatspräsident werden sollen. Aber Sie genießen dann das, was jeder Mensch und vor allem jede Führungskraft haben sollte: nämlich jederzeitige Akzeptanz. In guten Zeiten werden Sie vielleicht nicht immer geliebt. Aber in schlechten Zeiten auch nicht gehasst.

11 Tipps für durchsetzungsstarkes Verhandeln

Erinnern Sie sich an Ihre letzte Gehaltsverhandlung oder Ihr letztes Verkaufsgespräch? Wie haben Sie reagiert, als Ihr Vorgesetzter oder Kunde Ihnen Sätze sagte wie: „So viel wollen wir nicht zahlen" oder: „Das kommt nicht in Frage"? Viele von uns tendieren in einer solchen Situation instinktiv dazu, Tiefstatus- bzw. Unterwerfungssignale auszusenden. Wir schauen kurz nach unten, drehen den Kopf weg oder fassen uns ans Ohr oder die Nase. In der Regel haben wir dann schon verloren. Der Verhandlungspartner spürt, dass er uns im Preis drücken kann. Und das wird er tun!

1. Tipp: Zeigen Sie Hochstatusverhalten!

- Formulieren Sie Ihr Angebot oder Ihren Gehaltswunsch kurz und klar.
- Halten Sie dabei Blickkontakt zu Ihrem Gegenüber. Wenn Ihnen das in der Situation schwerfällt, schauen Sie auf die Nasenspitze Ihres Verhandlungspartners. Das sieht so aus, als würden Sie direkt in die Augen schauen, ist aber viel leichter durchzuhalten.
- Auf Reaktionen wie „Das ist aber ein stolzer Preis!" oder „Das kommt nicht in Frage!" sagen Sie: nichts! Ihre Reaktion sollte maximal aus einem freundlichen Lächeln und der Lautäußerung „Hmm" bestehen. Dabei halten Sie Ihren Kopf gerade und ruhig.
- Machen Sie dann eine strategische Pause und zählen von 30 rückwärts auf null. Halten Sie dabei weiter den Blickkontakt und Ihren Kopf aufrecht und ruhig.

- Statt sich irgendwo in Kopfnähe anzufassen oder zu kratzen, lassen Sie Ihre Hände bewusst bewegungslos am Körper. Jetzt ist die richtige Zeit, die Hände in den Schoß zu legen! Bleiben Sie cool! Ihr Verhandlungspartner ist jetzt am Zug.

2. Tipp: Rangeln Sie mit!

„Rang geht vor Inhalt" lautet die Spielregel Nummer eins im Karrierespiel. Es ist die Kommunikationsregel, die alle anderen dominiert! Die erste Viertelstunde eines Meetings gehört dem Aushandeln der Rangfolge unter den Teilnehmern. Versuchen Sie vor Ablauf dieser Zeit einen inhaltlichen Beitrag zu leisten, laufen Sie Gefahr, kein Gehör zu finden! Um die Rangordnung zu installieren, wird statusorientiert kommuniziert, um sich gegenseitig über- oder unterzuordnen und sich vor allem nach unten möglichst klar abzugrenzen. Frauen haben dieses Bedürfnis meist weniger stark ausgeprägt als Männer, sollten das Spiel aber mitspielen, wenn sie ernst genommen werden wollen.

Nicht mitmachen hat zur Folge, dass Sie auf einer der untersten Positionen in der Hackordnung landen und damit stark an Durchsetzungskraft verlieren. Betrachten Sie es einfach als Spiel mit Regeln, guten oder weniger guten Zügen und Fouls und nehmen Sie es leicht. Sie werden sehen, es kann richtig Spaß machen.

Oft beginnt das Gerangel um die beste Position schon vor dem Meeting. Wer kommt mit welchem Verbündeten, wer ignoriert wen, wer dienert sich mit einem Kaffee beim Chef an? Selbst die Begrüßung gibt Aufschluss: Schaut ein Kollege beim „Guten Tag" sein Gegenüber nicht an, ist das ein Ausdruck von Desinteresse und Missachtung. Er stellt sich damit über den anderen. Klopft ein Teammitglied einem anderen auf die Schulter, ist das ein Übergriff, der zeigen soll: „Ich stehe über dir." Da hilft nur, die Kollegen freundlich, aber deutlich zu einer angemessenen Reaktion zu zwingen, zum Beispiel: die Hand festhalten und den Kollegen in ein Begrüßungsgespräch verwickeln, Berührungen mit Berührungen erwidern. Oder aber: die unangemessenen Aktionen im Meeting retournieren, indem man auf die Diskussionsbeiträge der jeweiligen Person noch einen draufsetzt und sich damit in eine bessere Position bringt.

3. Tipp: Beteiligen Sie sich aktiv!
Wer bei der morgendlichen Konferenz oder im Projektgespräch nur seine Zeit absitzt, verschenkt wertvolle Punkte im Spiel um die spannendsten Arbeitsaufgaben und die besten Karrierechancen. Quer durch alle Branchen und Hierarchieebenen gilt: Wer im Meeting einfach nur anwesend ist, manövriert sich aus dem Blickfeld, egal, worum es in der Diskussion geht. Und das hat Konsequenzen an vielen Stellen.

4. Tipp: Definieren Sie Ihre Ziele!
Wichtig ist vor allem zu erkennen, ob es sich beim nächsten Meeting um eine hierarchische oder non-hierarchische Veranstaltung handelt. Sprich: Lädt der Chef zum Meeting ein oder ist es eine Sitzungsrunde mit gleichgestellten Kollegen? Die Antwort auf diese Frage gibt Hinweise, welche Erwartungen es möglicherweise an Sie gibt. Daraus können Sie Ihre Ziele ableiten. Wollen Sie inhaltliche Themen platzieren oder Kontakte im Kollegenkreis herstellen? Das wäre in einem non-hierarchischen Treffen gut. Oder wollen Sie – in einem hierarchischen Meeting – lieber beim Chef punkten?

5. Tipp: Wenden Sie sich immer an die Nummer eins!
Wenn Sie etwas zu sagen haben, sprechen Sie bitte nicht einfach in die Runde. Das bringt Sie kein Stück weiter. In die Runde sprechen ist, als mache man nur ein Geräusch. Mindestens die Hälfte der Meeting-Teilnehmer wird nicht mal hinhören. Nur wenn die Nummer eins, also der Chef oder der Ranghöchste in der Gruppe, zuhört, hören auch alle anderen zu. Nehmen Sie deshalb direkten Blickkontakt mit der Eins auf, während Sie sprechen. Wenn Sie Ihren Vorgesetzten dann noch gedanklich mitnehmen, indem Sie Ihre Argumentation auf ihn abstimmen, sind Sie schon einen guten Schritt weiter. Ein bisschen Bauchpin-

selei schadet dabei nicht. Auch Chefs sind nur Menschen, die gelegentlich Streicheleinheiten brauchen.

6. Tipp: Nutzen Sie die mehrfache Wiederholung!
Die Kommunikation in Meetings ist nichts anderes als das Aushandeln von Rangordnungen. Deshalb kommt es häufig vor, dass in solchen Veranstaltungen alles drei oder vier Mal wiederholt wird. Lassen Sie sich davon nicht nerven. Denn im Gedächtnis bleibt oft nicht der Urheber einer Idee, sondern derjenige, der das Thema noch einmal aufgegriffen und um ein kleines Detail ergänzt hat. Wer das für sich nutzt, positioniert sich im Kollegenkreis vor den Augen des Chefs deutlich besser als die anderen und punktet damit beim Vorgesetzten. Wer in einer solchen Diskussion gar nicht mitmischt, manövriert sich auf den letzten Platz der Rangfolge.

7. Tipp: Punkten Sie durch höfliche Unterbrechung!
Ausreden lassen gilt in Deutschland als eine der wichtigsten Benimmregeln. Keiner lässt sich gern ins Wort fallen. Endlose Monologe können jedoch mit Zwischenfragen unterbrochen werden. Am höflichsten unterbricht man jemanden mit einer geschlossenen Frage zum Thema. Eine andere Variante ist, eine Frage zu stellen, wenn der Redner Luft holt, und Sie beantworten sich die Frage selbst. Beispiel: „Herr Huber, Sie sagten vorhin, dass man das Projekt auch ... wie steht es mit xy, ich habe da mal erfahren, dass ..." Nun können Sie das Gespräch umlenken und sind selbst am Zug. Ihren Vorgesetzten sollten Sie allerdings niemals unterbrechen! Ist der Vortragende dagegen ein Kollege, der allzu sehr langweilt, darf man den Monologisierenden durchaus unterbrechen. Allerdings sollten Sie sich vorher vergewissern, ob der Chef genauso genervt ist. Wenn Sie dann mit einem positiven Vorschlag dazwischengrätschen, Ergänzungen und neue Aspekte bringen und so den übergroßen Redeschwall unterbrechen, dann wird Ihnen das nicht als Unhöflichkeit angekreidet. Denn Chefs honorieren es, wenn ein stagnierendes Meeting wieder an Schwung gewinnt, solange Sie als Unterbrecher einen inhaltlichen Beitrag liefern.

8. Tipp: Bewahren Sie Haltung bei langen Chef-Monologen!
Der Hackordnung dienen auch Sitzungen, in denen nahezu ausschließlich der Chef spricht. Er ist das Alphatier und macht dies darüber deutlich. Unterbrechen Sie ihn nicht! Schalten Sie bei langen Redepassagen trotzdem nicht ab! Selbst wenn Sie mit Ihren Gedanken ganz woanders sind: Bewahren Sie eine aufrechte Haltung und machen Sie einen guten sprich interessierten Eindruck! Versuchen Sie zumindest, die wichtigsten Aspekte des Monologs mitzubekommen, und nicken Sie ab und zu, um Ihre Verbundenheit und Ihr Einverständnis auszudrücken.

9. Tipp: Nutzen Sie auch Meetings im Kollegenkreis für sich!
Nehmen Sie auch die Meetings im Kollegenkreis ohne direkten Vorgesetzten ernst. Hier können Sie die Eigenheiten der Kollegen herausfinden, Allianzen schmieden oder aber Grenzen setzen. Zum Beispiel, indem Sie sich freundlich, aber bestimmt dagegen wehren, die ungeliebten Aufgaben anderer Teammitglieder zugeschoben zu bekommen. Ist die Position im Kollegenkreis klar, wird das Thema im nächsten Meeting mit dem Chef wohl nicht mehr auf die Tagesordnung kommen, zeigt die Erfahrung.

10. Tipp: Verhindern Sie Ideenklau!
Für alle Meetings gilt: Oft werden Beziehungsthemen auf der Sachebene ausgetragen. Präsentiert zum Beispiel ein Kollege in einem hierarchischen Meeting eine Idee, dann kann er vor dem Chef punkten. Wollen Sie ebenfalls punkten, haben aber keine gleichwertige Idee, können Sie den Kollegen loben, seine Idee aufgreifen und leicht verändern. Indem Sie ihn loben, setzen Sie sich in der Rangordnung über ihn, weil Ihnen das eigentlich nicht zusteht. Will der Kollege das nicht so stehen lassen, muss er an Ihre Worte anknüpfen und noch einmal Aspekte erläutern. Das ist auch eine gute Strategie, wenn Kollegen sich mit fremden Federn schmücken und geklaute Ideen präsentieren: Einfach loben, dass der Kollege Sie bei der Umsetzung des Vorschlags unterstützen will, und das Thema tiefer beleuchten. So machen Sie deutlich: Ich bin der Urheber dieser Geschichte!

11. Tipp: Verlassen Sie überzogene Meetings stilvoll!
Man sollte sich auf keinen Fall wortlos aus dem Raum schleichen. Eine kurze Begründung, etwa ein anstehender Kundentermin, ist angebracht. Im Grunde hat aber der Moderator die Aufgabe, das Meeting zeitlich nicht aus dem Rahmen laufen zu lassen, sondern eventuell Themen zu vertagen. Machen Sie auch am Anfang eines Meetings klar, wie viel Zeit dafür vereinbart wurde, und verweisen Sie eventuell darauf, dass Sie danach noch eine andere Verpflichtung eingeplant haben.

Checkliste Wichtige Statussignale

Merkmal	Hochstatus + Umsetzer – Alpha-Ekel	Tiefstatus + Sympathieträger – Immerlieb	Bemerkungen
Mimik +	Ernste Miene, wenig Mimik.	Offenes Lächeln, freundlicher Gesichtsausdruck.	
–	Abschätziges Kopfschütteln, Naserümpfen.	Ständiges Lächeln, auch wenn einem nicht danach zumute ist. Auf die Lippen beißen, Lippen einrollen. Häufiges Lippenlecken, Zunge seitlich rausstrecken.	
Blick +	Gerade in die Augen, ausgehalten.	Blick ins Gesicht, dabei schief gelegter Kopf.	
–	Niederstarrend, Blickrichtung von oben nach unten, ignorierend am anderen vorbei.	Nur kurz gehaltener Blickkontakt, nach unten oder zur Seite wegschauen, wieder hin- und schon wieder wegschauen. Blickrichtung von unten nach oben.	Tipp: Wenn Sie kleiner als Ihr Gegenüber sind, wählen Sie einen größeren Abstand, damit Sie nicht von unten nach oben schauen müssen.
Gestik +	Große, ausladende, raumnehmende und gehaltene Gesten.	Körpernahe Gesten.	
–	Mit dem Zeigefinger beim Sprechen rhythmisch auf den anderen „einhacken".	Besonders kopfnahe Gestik: durch die Haare/ das Gesicht streichen. Hände wringen, Finger zerren.	

Bamboo nährt uns durch immergrüne Blätter

Merkmal	Hochstatus + Umsetzer − Alpha-Ekel	Tiefstatus + Sympathieträger − Immerlieb	Bemerkungen
Sprache +	Klare, kurze Sätze.	Sprachliche Weichmacher wie „Vielleicht, ein bisschen, ...", viele Konjunktive: hätte, würde, könnte etc.	
−	Abwertende Aussagen von oben herab: „Wenn Sie dann wissen, wovon Sie sprechen, können wir uns weiter unterhalten."	Rechtfertigen, „um Kopf und Kragen reden", leise, nuschelig, stockend, schnell sprechen.	
Stimme +	Stimmlage eher tief, entspannt.	Eher hoch, singend, am Ende eines Satzes ansteigend.	
−	Situationsabhängig, brüllen oder flüstern.	Quietschig, gepresst.	
Atmung	Ruhig und gleichmäßig.	Hektisch, flach, schnell, japsend, stockend.	Den Atem anzuhalten kann beides sein. Dem Tiefstatus bleibt der Atem vor Angst oder Schreck stehen. Der Hochstatus hält den Atem an, um eine Drohgebärde zu verstärken. Wegen einer Erkältung Schniefen und Naseputzen verringert sofort Ihren Status. Also vor dem Meeting putzen!
Körperhaltung +	Sich groß machender, aufrechter Körper. Symmetrischer, gleichmäßiger Stand mit Gewicht auf beiden Füßen gleichmäßig. Konträre, offensive Haltung, ruhig gehaltener Kopf beim Sprechen und Zuhören, statt des Kopfes den ganzen Körper drehen („huldvoll").	Sich klein machender, zurückgenommener, Körper. Verbindende, defensive Haltung. Schief gelegter, zur Seite geneigter Kopf, Hals zeigen gilt als Unterwerfungs- und Verführungsgeste.	Es gibt beim Mensch einen Angstreflex, das „Eingeweide-Schützen": runde, hochgezogene, nach vorn genommene Schultern, hängender Kopf, Arme eng am Körper. Diese Haltung kann sich auch dauerhaft in der Körperhaltung manifestieren und signalisiert Tiefstatus. Manche Menschen entwickeln diese Haltung auch einfach aufgrund von zu viel am Rechner-Sitzen. Aufpassen!

3. Energiespender: Durchsetzungsfähigkeit trainieren

Merkmal	Hochstatus + Umsetzer − Alpha-Ekel	Tiefstatus + Sympathieträger − Immerlieb	Bemerkungen
−	Sehr breitbeiniger Stand, Füße stark nach außen gedreht mit in der Hüfte abgestützten Händen und nach außen gedrehten Ellenbogen. Beckenbereich offensiv nach vorne geschoben.	Gekrümmt, verdreht, asymmetrisch.	Entscheidend ist die relative Kopfhöhe zwischen den beiden Personen: Der Hochstatus „thront" über dem Tiefstatus. Aber: Sich ungefragt zu setzen, kann auch den Status heben, weil man mehr Raum besetzt.
Bewegung +	Zielgerichtet, ruhig, geschmeidig, bestimmt, fest, geschickt; Kopf bewegt sich wenig.	Den Raum anderer respektierend, zurückhaltend.	
−	Marschierend, überstreckt.	Unsicher, fahrig, ruckartig, steif, eng, tollpatschig.	
Raumverhalten/ Distanz +	„Empfangender Gastgeber": Raum großflächig durchschreiten. Die Raummitte einnehmen. Berühren: Hand auf die Schulter legen, Fussel vom Pulli picken, über die Wange streichen, Aber auch: den anderen zum Näherkommen auffordern.	„Zurückhaltender, abwartender Gast": Kleine, körpernahe Gestik. Bewegungsradius verkleinern. Teile des Raums dem Hochstatus überlassen.	
−	„Fordernder Gastgeber": In den persönlichen Schutzbereich eindringen. Nicht wahrnehmen, dass es dem anderen unangenehm ist.	„Übervorsichtiger Gast": An den Rand des Raums zurückziehen. Lässt sich ungefragte Berührung gefallen. Vom Hochstatus und dessen Territorium Abstand halten.	
Handlungen/ Verhalten +	Findet immer die richtigen Worte und die richtigen Gesten. Weiß, was der Situation angemessen ist, und handelt entsprechend. Souverän auf jedem Parkett. Kann Schweigen gut aushalten. Bleibt bei sich. Scheut keine Konfrontation. Prinzipientreue, Entscheidungsfreude.	Muss nicht im Mittelpunkt stehen. Unterstützt gerne andere. Ist großzügig mit Anerkennung und Wertschätzung.	

Merkmal	Hochstatus + Umsetzer − Alpha-Ekel	Tiefstatus + Sympathieträger − Immerlieb	Bemerkungen
	In Diskussionen zeigt er Einsicht, muss nicht auf seinem Recht beharren. Setzt sich bei Bedarf souverän über soziale Normen hinweg. Übernimmt Verantwortung.		
−	„Bemuttern", helfen, beschützen, versorgen, bewirten und die Rechnung übernehmen, ungefragte Ratschläge geben. Besserwisserei, Arroganz, Sturheit, Unbelehrbarkeit, unterbrechen und dazwischenreden. Provoziert Konfrontationen.	Opferhaltung, Verantwortung abgeben. Sich bevormunden und entmündigen lassen, Verletzt soziale Normen aus Angst, Unsicherheit oder Schwäche. Lässt sich leicht verunsichern. Gerät schnell in Panik. Lässt sich leicht provozieren. Rastet aus, wenn ein wunder Punkt berührt wird. Vermeidet Konfrontation und versucht Hochstatus zu beschwichtigen. Glaubt durch Unterwerfung Hochstatus „gnädig" zu stimmen und ist enttäuscht, wenn dieser daraufhin sein Terrain weiter ausdehnt. Hält auch dann nicht gegen, sondern weicht aus.	

3. Energiespender: Durchsetzungsfähigkeit trainieren

Bedeutet Bamboo-Stratege zu sein, auch hart und unbeugsam zu werden?

Nein! Härte gehört genauso wenig zur Bambusstrategie wie Egoismus oder Pessimismus. Der Bamboo-Stratege glaubt, dass er selbst Lösungen finden kann, weiß aber auch, dass und wann er Hilfe von anderen benötigt. Er handelt also nicht egoistisch oder hart, sondern selbstverantwortlich. Sprich: Er gibt anderen keine Schuld und er bemitleidet sich nicht selbst. Er übernimmt Verantwortung für seine Situation und seine Gefühle und er gestaltet seinen Handlungsspielraum selbst. Er hat harte Erfahrungen gemacht, dadurch aber reife Lebensstrategien entwickelt, gepaart mit einer weisen und souveränen Haltung. Ganz im Gegenteil wird der Bamboo-Stratege aufgrund seiner inneren Stärke immer seltener hart und unbeugsam auftreten müssen. Aufgrund seiner gereiften Selbstsicherheit fühlt er sich nicht als Verlierer, wenn er einmal unterliegt, und er hat nicht das Gefühl, einen Zacken aus seiner Krone zu verlieren, wenn er nachgibt.

Bamboo nährt uns durch immergrüne Blätter

4. Energiespender: Arbeitsumfeld gestalten – das persönliche Wohlfühl-Biotop designen

„Es steht uns immer frei,
entsprechend jener Zukunft zu handeln,
die wir uns schaffen wollen."

HEINZ V. FOERSTER

Mit Arbeit ist wesentlich mehr verbunden als der reine Gelderwerb. Einerseits bedeutet sie häufig Mühe bis hin zur Plage, Pflichten und Freiheitseinschränkung. Andererseits kann sie Selbstverwirklichung bedeuten: seine Fähigkeiten zeigen, ein Netz von Kollegen pflegen, mit denen man fast freundschaftlich verbunden ist, eine Struktur für jeden Tag haben. Und letztlich definieren die meisten ihren Wert über ihre Arbeit und ihre Leistung. Der Arbeitsplatz ist ein wesentlicher Teil der eigenen Identität. Kein Wunder, dass die Arbeitsumgebung starken Einfluss auf unsere Widerstandskraft nimmt.

Die Arbeitsumgebung ändert sich schnell. Technologiewandel, Aus- und Eingliederungen, Restrukturierungen, neue Beschäftigungsformen oder Mehrfachbelastung und dann noch immer wieder aufflackernde Wirtschaftskrisen. Heute findet Arbeit meist nicht mehr in stabilen Zusammenhängen statt, sondern man trifft auf häufig wechselnde Teams mit immer neuen Kollegen, unterschiedlichen Kulturen, vielleicht mit globaler Aufgabenteilung, die 24 Stunden abdeckt. Ziele, die gestern noch hoch priorisiert wurden, sind heute schon wieder hinfällig und werden oft sogar von gegensätzlichen Zielsetzungen abgelöst.

Es sind zwar mehr Menschen denn je beschäftigt, aber die Reihen der Mitarbeiter lichten sich kontinuierlich. Für viele ist die Arbeitsbelastung gestiegen, die Unsicherheit hat zugenommen. Vielleicht fragt man sich manchmal, ob die menschliche

Fähigkeit, sich schwierigen Bedingungen anzupassen, dazu führt, dass die Rahmenbedingungen schwieriger und schwieriger werden – dass immer noch mehr Druck aufgebaut, noch mehr verlangt wird. Das alles strengt an und stresst.

Abgedroschen aber wahr: Love it, change it or leave it

Lustlos zur Arbeit? Rund 80 Prozent der Menschen gehen täglich zur Arbeit, obwohl sie keine Lust dazu haben. Sie tun, was sie glauben tun zu müssen. Schließlich muss man Geld verdienen, um zu überleben. Tatsächlich ist dies in vielen Fällen eine vernünftige Entscheidung. Die Frage ist nur, ob wir es hinnehmen müssen, unsere Arbeit mit großer Lustlosigkeit auszuführen.

Nein, nicht immer: Abhängig vom Alter, der Ausbildung, dem eigenen Sicherheitsbedürfnis und einer Vielzahl weiterer Faktoren steht es uns häufiger frei, als landläufig angenommen, den Arbeitsplatz zu wechseln oder uns selbstständig zu machen. Spätestens wenn uns die Arbeitsbedingungen krank machen, lohnt sich der Gedanke an einen Wechsel. Frei nach der alten Regel „Love it, change it or leave it" ist dann mein unbedingter Rat: „Leave it!"

Manchmal ist ein Wechsel aber nicht sinnvoll. Aber selbst dann gilt: Wir können uns zumindest unsere Arbeitslust zurückerobern!

Love it
Gut, ich gebe zu: Natürlich geht nicht alles so, wie Sie sich das wünschen, und es liegt auch nicht allein in Ihrer Macht, wie zufrieden und glücklich Sie sich insgesamt an Ihrem Arbeitsplatz und sonst im Leben fühlen. Das Glück, das wir letztlich alle anstreben und das unser Antrieb fürs „Immer-Weitermachen" ist, lässt sich gut mit unserer Figur vergleichen: Es gibt Menschen, die sind von der Natur gesegnet. Sie sind schlank und halten ihr Gewicht problemlos. Andere hingegen müssen extrem aufpassen, damit sie ihre Linie halten können, und jede noch so kleine

Disziplinschwäche wird sofort mit ein paar Pfunden mehr bestraft.

Das entspricht dem Fakt, dass 50 Prozent unseres Glücksniveaus genetisch festgelegt sind. Nach jeder großen Enttäuschung und jedem Triumph landen wir wieder auf diesem Niveau. Wir haben also schon eine ererbte Startbasis für das mit auf den Weg bekommen, was uns an Zufriedenheit möglich ist (vgl. Sonja Lyubomirsky, „Glücklich sein, Warum Sie es in der Hand haben, zufrieden zu leben"). Davon abhängig, ob unsere Eltern sehr glücklich, mittelglücklich oder unglücklich waren, sind wir ähnlich wie bei unserem Gewicht teilweise festgelegt. Aber dennoch: Es lohnt sich, das Leben und die Arbeitsbedingungen in die Hand zu nehmen und Gestalter statt Schicksalsgetriebener zu sein!

Gestalten statt getrieben werden

Überraschenderweise hat die Wissenschaft nämlich herausgefunden, dass nur etwa zehn Prozent unseres Glücksniveaus von äußeren Umständen abhängen. Es macht nur zehn Prozent unseres Glücks aus, ob wir hübsch oder hässlich, gesund oder krank, reich oder arm oder was auch immer sind!

Ist es nicht erstaunlich, wie wenig Einfluss unsere Lebensumstände auf unser Wohlbefinden haben und dass Dinge wie Reichtum, Schönheit und Gesundheit nur sehr begrenzt unsere Gefühlslage bestimmen? Aber die Beweise aus zahlreichen wissenschaftlichen Studien sind eindeutig. Wir können endlich aufhören, unser Glück in Rahmenbedingungen zu suchen, die wir oft nicht ändern können – auch in unserem Arbeitsumfeld –, und erkennen, dass der Schlüssel zu unserem Glück in uns selbst liegt. Denn 40 Prozent bleiben ja noch übrig, die wir bisher noch nicht verteilt haben, und die liegen in unserem Verhalten, unserer Einstellung, unseren Gedanken: Wir haben 40 Prozent Spielraum, um unser Glück in die eigene Hand zu nehmen!

Ich würde sagen, das lohnt sich allemal! Machen Sie einfach den Job, den Sie haben, zu dem, den Sie wollen! Treffen Sie die Entscheidung: Ja, das ist mein idealer Job, und verabschieden Sie sich von dem Gedanken, woanders wäre alles viel besser. Sie wissen es selbst, das ist meistens leider nicht so.

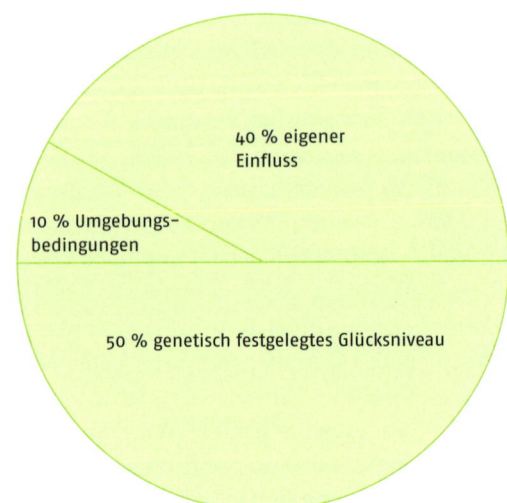

Glückstorte,
nach Sonja
Lyubomirsky

Change it
Wie sollten Ihre Arbeitsumgebung und die dazugehörigen Bedingungen sein, damit sie aus Ihrer Sicht den Begriff „Lebensraum" verdienen?

Haben Sie sich darüber schon Gedanken gemacht?

Nach meiner Erfahrung haben sehr viele Menschen noch keine konkrete Idee, was eigentlich genau anders sein sollte, damit es gut wäre. Bitte blockieren Sie sich bei Ihren Überlegungen nicht versehentlich selbst: Denken Sie nicht als Erstes darüber nach, was sowieso nicht geht. Überprüfen Sie mit Ruhe, ob Sie wirklich schon versucht haben, etwas in Ihrem Sinne zu ändern. Haben Sie beispielsweise tatsächlich konkret nachgefragt, ob Sie ab sofort in Teilzeit arbeiten können? Oder haben Sie nur von den Kollegen gehört, dass das nicht geht? Oder Sie haben vielleicht im Kopf, dass eine reduzierte Arbeitszeit für eine Führungskraft nicht möglich ist? Erkundigen Sie sich danach! Gehen Sie es aktiv an! Es geht!

Folgende Fragen unterstützen Sie dabei, mit den Bedingungen an Ihrem Arbeitsplatz umzugehen und gestaltend einzugreifen:

Situationsanalyse Arbeitsplatz

- Welche Anzeichen gibt es für einen gegebenenfalls anstehenden einschneidenden Veränderungsprozess in Ihrem Unternehmen?
- Zu welchem Zweck sollen die Veränderungen durchgeführt werden? Welche Visionen, Werte und Ziele sollen dadurch umgesetzt werden?
- Welche Bereiche sind davon wahrscheinlich betroffen?
- Wie schätze ich die Überlebenschancen meines Teams ein?
- Welche meiner Mitarbeiter könnten betroffen sein?
- Wie verändert sich eventuell meine eigene Perspektive im Unternehmen?
- Welche Rahmenbedingungen sind für mich steuerbar, welche nicht?
- Wo sehe ich einen Handlungsspielraum, um die Situation ins Positive zu verändern?
- Was könnte schlimmstenfalls passieren und was kann ich dafür tun, um das zu verhindern?
- Wie sieht es im besten Falle aus und was kann ich dafür tun, dass dies eintritt?
- In welchen Teilbereichen bin ich kompromissbereit?
- Für welche Dinge kämpfe ich?
- Wo liegen meine Grenzen?

Die „Work-Life-Balance" – ein Begriff, der in aller Munde ist. Wenn Sie darunter allerdings verstehen, dass Sie in Ihrer Freizeit alles ausgleichen, was Sie Ihrem Bamboo während der Arbeit angetan haben, dann sollten Sie sich vielleicht Folgendes vor Augen führen: Wenn Sie sich Ihren Arbeitstag wie einen Kuchen vorstellen, so wie in der Abbildung auf der nächsten Seite, bleibt am Ende jeden Tages nur ein kleines Stück Freizeit übrig. Und die Idee, die Balance ausschließlich am Wochenende oder an Feiertagen zu finden, geht auch nicht auf. Sie kommen also nicht drumherum, sich Gedanken zu machen, wie Sie schon *während* der Arbeit in Balance bleiben!

Work-Life-Balance

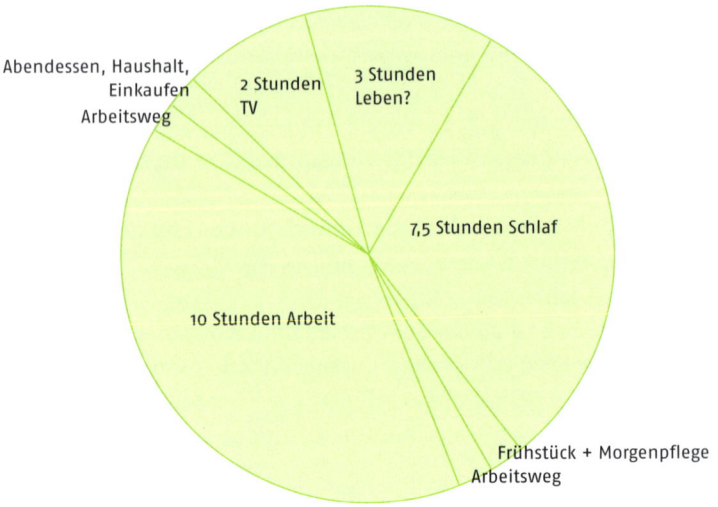

3 Stunden Leben? (nach Slatco Sterzenbach)

To-do-Listen als Zuflucht Viele meiner Kunden sind zu Beginn unserer Zusammenarbeit der Meinung, es läge an ihrer schlechten Organisation, dass sie immer wieder nicht alles schaffen, was auf ihren ellenlangen To-do-Listen steht. Viele fühlen sich deshalb als Versager! Ganz häufig wurde aber schon mit allen Tricks versucht, wieder Herr der Lage zu werden: Priorisieren, A-Aufgaben zuerst, Time Management, Selbstdisziplin und so weiter und so fort.

Immer häufiger finden wir dann aber mit Hilfe der nachfolgenden Übung „Aufgaben-Check" heraus, dass die zu erfüllenden Aufgaben unmöglich alle zu erledigen sind – ganz gleich, wie gut organisiert jemand ist. Ein Herr beispielsweise, der zu mir ins Coaching kam, stellte anhand der Tabelle fest, dass die von ihm zu erledigenden Aufgaben 210 Prozent seiner Zeit bräuchten! Kein Wunder, dass er seine Aufgaben immer wieder nicht schaffen konnte!

In solchen Fällen braucht es Mut zur Lücke und einen Gesprächstermin mit dem Chef, der sich durch die sehr konkrete Liste deutlich leichter überzeugen lässt, dass eine neue Priorisierung vorgenommen werden muss. Leichter, als wenn Sie lediglich sagen „Es ist zu viel!". Und wenn Sie die Liste ausgefüllt haben, wissen Sie, ob da noch etwas mit Selbstorganisationstechniken zu machen ist oder ob Sie sich nicht eher eine dicke Haut zulegen müssen, die Sie davor schützt, sich weiter als schlecht organisierter Versager zu fühlen. Probieren Sie es gleich aus! Und nutzen Sie die Liste gegebenenfalls als gute Gesprächsgrundlage zur Verhandlung mit Ihrem Chef! So vorbereitet haben Sie beste Chancen!

Übung Aufgaben-Check

(Dank an F. Horsthemke, der für diese Übung die Grundlage gelegt hat!)

Ziele:

Tätigkeit / Aufgabe	ABC	Zeit % Ist / Soll	Stärken / Schwächen (+/−)	Auswirkung auf das Ergebnis / Ziel	Maßnahmen	Unterstützung durch
1.						
2.						
3.						
4.						
5.						
6.						
7.						
8.						
9. …						

Und so füllen Sie die Tabelle aus:

„Ziele"
Bitte notieren Sie zuerst das Ziel / die Ziele Ihrer Arbeitsstelle. Es ist der Ausgangspunkt für Ihr Planen, Entscheiden, Durchführen und Bewerten. Nur vor dem Hintergrund der Ziele können Sie beispielsweise entscheiden, wie hoch Sie Ihre jeweiligen Tätigkeiten priorisieren.

In größeren Unternehmen gehören dazu beispielsweise die im Mitarbeitergespräch mit Ihrem Vorgesetzten festgelegten persönlichen Ziele und die vom Unternehmen vorgegebenen Kennzahlen der Zielvereinbarung, in kleineren Unternehmen oder Schulen, Krankenhäusern und Ähnlichem sind es vielleicht die Vereinbarungen aus den Gesprächen mit dem Chef. Sollten Sie nicht klar wissen, was genau eigentlich von Ihnen erwartet wird, wird es jetzt höchste Zeit, darüber ins Gespräch zu kommen! Beschreiben Sie dazu gemeinsam mit Ihrem Chef das Ziel mit einem Satz oder in Stichworten. Definieren Sie nicht nur quantitative Ziele in Zahlen, sondern auch qualitative beschreibende Ziele wie zum Beispiel „Freundlichkeit zu Kollegen". Natürlich können Sie das Formblatt ebenso für Ihre privaten Ziele verwenden.

„Tätigkeit / Aufgabe"
Listen Sie hier bitte Ihre Aufgaben oder Tätigkeiten auf, all das, was zu tun ist. Das können auch Dinge sein, die nur einmal im Jahr anfallen. Bei mehr als zehn Aufgaben lassen sich meistens einige in einem Oberbegriff zusammenfassen. Sonst wird es schnell unübersichtlich.

„ABC"
Schätzten Sie dann die Bedeutung der jeweiligen Aufgabe für die Ziele ein (A = sehr wichtig, B = wichtig, C = weniger wichtig).

„Zeit in Prozent, Ist / Soll"
Schätzen den prozentualen durchschnittlichen Zeitanteil der Aufgabe an Ihrer täglichen Arbeitszeit. Bei nur monatlich oder jährlich stattfindenden Aufgaben rechnen Sie grob, wie viel Prozent das bezogen auf die tägliche Arbeitszeit ausmacht. Pi mal Daumen reicht! Schätzen Sie bitte auch ein, inwieweit die von Ihnen verwendete „Ist-Zeit" in

einem realistischen Verhältnis zur idealen „Soll-Zeit" steht. Brauchen andere kürzer für vergleichbare Aufgaben? Könnten Sie – vorausgesetzt Sie wären wieder richtig fit – schneller sein? Dann wäre die „Soll-Zeit" geringer als die „Ist-Zeit". Beispielsweise könnten Sie feststellen, dass Sie viel länger als früher für das Abarbeiten von Mails, meist eine C-Aufgabe, brauchen. Umgekehrt könnten Sie feststellen, dass Sie viel Zeit auf C-Aufgaben verwenden und die „Ist-Zeit" für einige A-Aufgaben zu niedrig ist.

„Stärken / Schwächen"
Listen Sie in dieser Rubrik Ihre Stärken bzw. Schwächen bezogen auf die jeweilige Aufgabe auf. Das kann beispielsweise bei Stärken heißen: „ + Meine Präsentationen sind ausdrucksstark und leicht merkbar, weil ich tolle Ideen habe, wie ich komplexe Sachverhalte auf den Punkt bringe." Bei Schwächen: „ – Ich brauche viel Zeit, da mir fundierte Kenntnisse des Grafikprogramms fehlen."

„Auswirkung auf das Ergebnis / Ziel"
Überprüfen Sie, inwieweit die Aufgabe und Ihre Stärken bzw. Schwächen überhaupt Auswirkung auf die Erreichung des Ziels und auf die Qualität des Ergebnisses haben. Manchmal können Sie dort einfach vermerken: Null! Dann ist das schon einmal eine Aufgabe, die Sie eher vernachlässigen können.

„Maßnahmen"
Hier sollten alle Maßnahmen beschrieben werden, die nötig sind, um das Ziel umzusetzen. Die Umsetzung der Maßnahmen bedeutet häufig, kleine Ziele zu erreichen, um das eigentliche Ziel zu schaffen. Beispiel: Zu spät kommen. Ziel: Pünktlich erscheinen. Maßnahmen: 1. Einen Wecker kaufen. 2. Fünf Minuten früher starten usw.

„Unterstützung"
Viele Maßnahmen können nur umgesetzt werden, wenn die Zusammenarbeit mit anderen funktioniert: mit Kollegen, mit anderen Abteilungen, mit Ihrem Chef, Ihren Mitarbeitern. Überlegen Sie, welche Art von Unterstützung Sie brauchen und wer dafür am besten geeignet ist. Überlegen Sie an dieser Stelle auch, an wen Sie welche Aktionen delegieren könnten.

Übung: Kräftefeld-Analyse
(nach Kurt Lewin)

Wie oft haben Sie sich schon voller Elan an ein Projekt gemacht, um dann zu erleben, wie es scheiterte? Oder Sie hatten eine großartige Idee, die leider nicht umgesetzt wurde. Vielleicht haben Sie auch eines Ihrer Ziele nicht erreicht. In all diesen Situationen, die in Ihrem Job sicher immer wieder auftauchen, gibt es wie bei jeder Veränderung fördernde und hindernde Kräfte, die Sie schon vor dem Start analysieren sollten. Nur dann ist es möglich, diese zu berücksichtigen. Diese Kräfte können sowohl von Menschen als auch von sachlichen Umständen ausgehen. Mit der Kräftefeld-Analyse bekommen Sie ein Instrument an die Hand, mit der Sie Ihre Ideen und Projekte strategisch planen und zum Erfolg bringen können.

Und so gehen Sie vor:

1. Fragen Sie sich:
- Was sind meine Ziele? Welche Ergebnisse will ich erreichen?
- Welche Faktoren spielen in dieser Situation eine Rolle und können sich positiv oder negativ auf die Zielerreichung auswirken?
- Welche Menschen werden Sie unterstützen? Welche sollten Sie noch ins Boot holen, weil sie Ihr Anliegen gefährden könnten?
- Welche sachlichen Umstände fördern Ihre Sache, welche könnten Sie behindern?

2. Tragen Sie wie in der nebenstehenden Grafik diese Faktoren in einer Tabelle links ein.

3. Bewerten Sie, wie wichtig diese Faktoren aus Ihrer Sicht vor dem Hintergrund Ihres Vorhabens sind. Stellen Sie diese Verhältnismäßigkeit mit der unterschiedlichen Länge von Linien dar: Je wichtiger ein Faktor ist, desto länger die Linie.

4. Stufen Sie die Faktoren als förderlich oder als hinderlich ein, indem Sie die entsprechende Linie stärker in das Plus- oder Minusfeld der Tabelle rücken (siehe Beispielgrafik).

Bamboo nährt uns durch immergrüne Blätter

5. Überlegen Sie, inwieweit Sie förderliche Faktoren nützen können, um die hinderlichen abzubauen. Fragen Sie sich auch, was Sie selbst tun können, um die hindernden Faktoren abzubauen bzw. deren Entstehen zu verhindern und was Sie selbst dazu beitragen können, um die fördernden Faktoren noch zu verstärken.

6. Entscheiden Sie sich für eine Vorgehensweise und entwickeln Sie einen Plan B für den Fall, dass Sie eine Ausweichstrategie brauchen.

7. Erstellen Sie einen Aktionsplan und setzen Sie ihn Schritt für Schritt um.

Beispiel:

Faktoren	Fördernde Kräfte	Hindernde Kräfte
Sachlicher Umstand A		———
Sachlicher Umstand B		———
Herr Müller		———————
Frau Urmel	———————	
Herr Maier	————	
Herr Schmidt		———————————
...	———	
...		———
Herr Anton	————	
Herr Maler	———————	

Dieses Beispiel zeigt neben zwei sachlichen Umständen, die vorwiegend hinderlich sind, vier Personen, die vorwiegend förderlich sind: Frau Urmel, Herr Maier, Herr Anton und Herr Maler – dargestellt mit vier langen Linien. Demgegenüber steht ein starker Hinderer, Herr Schmidt, der zusätzlich eine Schar von hinderlichen Personen auf seiner Seite hat. Diese haben zwar eine geringere Bedeutung, sind aber gegenüber den Förderern in der Überzahl. In dieser Situation ist es wichtig, eine Strategie zu erarbeiten, wie der störende Hinderer zum Helfer werden kann. Inwieweit kann man sich hierbei die Förderer zunutze machen?

Ein Gedankenspiel: Ich erfahre morgen, dass ich meinen Job verliere. Wie würde ich, wäre ich ein 1-a-Bamboo-Stratege, damit umgehen?

Sie wären vorbereitet und würden sich nicht von der Botschaft überraschen lassen. Sie hätten also einen Plan B in der Tasche. Wichtig: Niemals darauf warten, dass das Schlimme einen einholt, sondern darauf vorbereitet sein!
Sie wüssten ganz sicher, dass die Krise vorübergeht. Sie würden sich nicht als hilfloses Opfer fühlen, sondern die Verantwortung für Ihre Situation übernehmen und aktiv werden. Sie hätten ein Netzwerk von Menschen aufgebaut, auf das Sie zurückgreifen können, und würden sich nicht scheuen, um Rat und Hilfe zu bitten. Sie wären sich Ihrer Kompetenzen bewusst und würden auch die Chance, beruflich etwas komplett Neues anzugehen, in Ihre Pläne einbeziehen.

Den Bamboo in Ihren Mitarbeitern wecken und stärken

„Niemand kann eine Sinfonie flöten.
Es braucht ein Orchester, um sie zu spielen."
Halford E. Luccock

Der Großkonzern Unilever war schockiert, als die Ergebnisse einer wissenschaftlich fundierten Fragebogenaktion vorlagen: 80 Prozent der Angestellten hatten in den letzten drei Monaten unter Stress gelitten, 60 Prozent berichteten von Schlafstörungen, 40 Prozent hatten eine depressive Verstimmung durchgemacht. Und das, obwohl Unilever schon lange ein umfassendes Vorsorgeangebot für die körperliche und seelische Gesundheit seiner Mitarbeiter hatte: Sportangebote von Badminton bis Segeln, vollwertiges Essen in der Kantine, Seminare mit Entspannungsübungen und die Möglichkeit, sich von Psychologen anonym beraten zu lassen. Und Unilever ist keine Ausnahme: Eine Studie unter 740 Führungskräften ergab, dass zwei von drei in Deutschland unter umfassender Erschöpfung litten. Mittlerweile sind Leiden aufgrund von psychischer Belastung am Arbeitsplatz der häufigste Grund für krankheitsbedingte Frühverrentung. Trotzdem geht immer noch der Glaube um: Wer keinen richtigen Stress hat, der arbeitet nicht genug. Und wer schlappmacht, ist eben zu empfindlich.

WARUM Sie den Bamboo Ihrer Mitarbeiter stärken müssen

Sie brauchen Ihr Team, Ihr Team braucht Resilienzfähigkeiten. Beispielsweise, um seine Work-Life-Balance zu verbessern und so gesund zu bleiben, um die Unternehmenskultur zu beeinflussen, um mit Vorurteilen und Diskriminierung umzugehen oder um Kündigungen – die von Kollegen oder Ihnen selbst – zu bewältigen.

Als Führungskraft gehört es zu Ihren Aufgaben, Ihre Mitarbeiter möglichst produktiv einzusetzen, und sicher haben Sie schon aus eigenem Interesse den Wunsch, Ihr Team vor krankheitsbedingten Ausfällen zu schützen. Zu Recht: Bei Unilever beispielsweise wurde festgestellt, dass jeder Mitarbeiter im Schnitt 21 Tage pro Jahr ausfiel – entweder weil er krank zu Hause war oder bei der Arbeit nicht produktiv.

Sie wissen, was Krankheit des einen für den Rest des Teams bedeutet: Fällt einer aus, haben die anderen dessen Arbeit auch noch an der Backe. Mit den entsprechenden Folgen ... Und Sie können Ihre Zielvorgaben mit einem geschwächten Team nicht einhalten. Es wird also Zeit, sich Gedanken zu machen, wie Sie Ihr Team stärken können.

Partnerschaftlich führen Natürlich spricht ein hoher Krankenstand nicht unbedingt für eine schlechte Führung. Schließlich kommt es auch auf Alter und Krankengeschichte der Mitarbeiter an. Allerdings hat man herausgefunden, dass die Art der Führung entscheidend Einfluss auf den Krankenstand im Team nimmt. Wenn Vorgesetzte „partnerschaftlich" führen und ihre Mitarbeiter bei der Arbeit durch Tipps, Zuspruch, Trost oder einfaches Zuhören unterstützen, sinkt das Burn-out-Risiko drastisch. Ein Mitarbeiter muss das Gefühl haben, dass sein Chef ansprechbar ist, dann liegt der Krankenstand 30 Prozent unter dem Durchschnitt und die Unternehmen haben zugleich höhere Umsatzrenditen.

WIE Sie den Bamboo Ihrer Mitarbeiter stärken können

Warum leiden häufig die Mitarbeiter mit einer geringeren Arbeitszeit als ihre Vorgesetzten öfter an Stresssymptomen bis hin zum Burn-out und ihre Chefs nicht? Da kommt schnell der Verdacht auf, der als Modewort abgetane Begriff sei eine Ausrede für Faule.

Wenn man allerdings weiß, dass insbesondere der Aspekt „Selbstbestimmung" ein wichtiger Schutzfaktor ist, wird schnell klar, warum es eben nicht an der Menge der Arbeit liegt, wenn ein Mitarbeiter in die Knie geht, sondern am fehlenden Gestaltungsspielraum. Eine Führungskraft mit doppelt so hohem Arbeitsaufkommen wie ihr Mitarbeiter hat häufig aber die Gelegenheit, beispielsweise in der Lounge am Flughafen, kurz zu entspannen, und ist nicht so stark unter ständiger Beobachtung.

Folgende Faktoren tragen entscheidend zur Schlagkraft Ihres Teams bei:

Die entscheidenden Faktoren

1. Vernachlässigen Sie nicht den menschlichen Bereich

Der Schutz eines Mitarbeiters vor Überlastung beginnt lange bevor die ersten Symptome auftreten. Um diesen Schutz zu gewährleisten, ist es sinnvoll, seine Leute zu kennen und zumindest einen Einblick in ihre persönlichen Lebensverhältnisse zu haben. Keine Sorge, Sie sollen nun nicht der beste Kumpel Ihres Mitarbeiters werden, aber der private Bereich wirkt sich natürlich auf die Stressresistenz und Leistungsfähigkeit am Arbeitsplatz aus, genau wie bei Ihnen auch. Mitarbeiter, die sich Ihrer Rückendeckung gewiss sein können, bauen mehr Kraftreserven auf und können besser mit hohem Druck umgehen als Mitarbeiter, die sich verloren auf weiter Flur als Einzelkämpfer sehen.

Fragen stellen Damit Sie kraftaufbauende Rückendeckung gewähren können und Ihre Mitarbeiter angemessen unterstützen können, sollten Sie sich ein paar Fragen stellen: Was ist bei Ihren Mitarbeitern los? Haben sie gerade eine Trennung hinter sich oder ein Kind ist schwer krank? Fragen Sie sich auch, wie Sie mit sich selbst umgehen. Sind Sie ein Vorbild, wenn Sie mittags vor dem PC essen? Wie gehen Sie mit Belastungen um und was davon bekommen Ihre Mitarbeiter mit? Wie fühlen sich Ihre Mitarbeiter von Ihnen behandelt? Wie können Sie sie inspirieren und ihren Talenten gemäß einsetzen?

Mitarbeiterstatus überprüfen Machen Sie sich einmal wöchentlich in Ruhe einige Minuten Gedanken über jeden Ihrer Mitarbeiter:
- Wie verhält er sich den Kollegen und Ihnen gegenüber: Zieht er sich zurück, ist er stiller als früher?
- Macht er plötzlich auffallend mehr Fehler?
- Wie viel leistet er zurzeit, mehr oder weniger als sonst?
- Verausgabt er sich und sollte man ihn deshalb besser bremsen?

Lenken Sie den gedanklichen Fokus Ihrer Mitarbeiter auf das, was gut läuft, und stärken Sie damit die Fähigkeit zur positiven Einstellung bei Ihren Mitarbeitern. Fragen Sie nicht, was stört, fragen Sie, was gut läuft. Wie wäre es, wenn Sie im nächsten Meeting damit starten, jeden Mitarbeiter die drei positiven Dinge der Woche benennen zu lassen? Dies ist wissenschaftlich erwiesen eine sehr wirkungsvolle Technik, um die Stimmung und damit die Widerstandsfähigkeit zu heben.

2. Spenden Sie Lob und Anerkennung

Wertschätzung im Job hält gesund! So konnte eine Studie beispielsweise nachweisen, dass Oscar-Preisträger im Durchschnitt 18 Monate länger leben als jene Schauspieler, die lediglich nominiert waren. Machen Sie jeden Einzelnen Ihrer Mitarbeiter zum gefühlten Oscar-Preisträger!

Es reicht nicht, das ganze Team pauschal für gute Leistungen zu loben! Häufig ist die individuelle Leistung im Team sehr unterschiedlich. Für einen engagierten Mehrleister ist es einfach nur frustrierend, wenn er auf diese Weise im Team untergeht. Er wird schnell sein Engagement einstellen oder aus Krankheitsgründen ausfallen. Denken Sie daran: Es sind immer die besonders Engagierten, die krankheitswertige Stressanzeichen bekommen! Diese brauchen besondere Anerkennung, sonst kann es leicht passieren, dass sie keinen Sinn mehr in ihrem Engagement sehen.

Individuelles Lob

Loben Sie also individuell!

Lob zeigt übrigens nur dann wertschätzende Anerkennung, wenn es sich auf konkrete beobachtbare Handlungen des Mitarbeiters bezieht und auf die positiven Ergebnisse, die dieses Verhalten auf eine spezifische Situation hat.

Beispiel: „Herr M., mir ist aufgefallen, dass Sie meine Vorgabe, dass die Posteingänge tagesaktuell abzuarbeiten sind, mit viel Engagement umsetzen! Sie sind sehr gut organisiert und lassen sich nicht vom Flurfunk ablenken. Auch wenn Not am Mann ist, kann man sich auf Sie verlassen: Sie übernehmen auch einmal von Langsameren deren Arbeit und bleiben notfalls länger, um die Schriftstücke auf dem neuesten Stand zu halten. Das ist sehr wichtig für unsere Kundenzufriedenheit und bei Ihnen habe ich nie Reklamationen. Danke dafür!"

Wenn Sie aber beispielsweise immer nur Mehrarbeit nach Feierabend loben oder die freiwillige Übernahme der Arbeit von Minderleistern, dann befürchtet der Mitarbeiter schnell, nur über besondere Extraanstrengungen außerhalb seiner eigentlichen Arbeit Anerkennung finden zu können. Das sollten Sie im Sinne eines gesunden resilienten Teams nicht auch noch fördern!

Achten Sie darauf, was Sie loben!

Achten Sie auch beim turnusgemäßen Mitarbeitergespräch darauf, dass Sie auch positives Feedback geben! Der schwäbische Spruch „Nicht geschimpft ist gelobt genug" ist Quatsch, wird aber leider immer noch zu häufig praktiziert!

3. Prüfen Sie die Arbeitsbedingungen

Überprüfen Sie, ob Ihre Mitarbeiter die Arbeit gefährdungslos erledigen können und ob der Umfang und die Komplexität der Arbeitsaufgaben leistbar, verstehbar und erkennbar sinnvoll sind.

Pflegen Sie in Ihrem Unternehmen oder Ihrem Team eine Kultur, in der Nein-Sagen erlaubt ist und in der psychische Erkrankungen nicht totgeschwiegen werden.

Gewähren Sie den Mitarbeitern, die nach einer überstandenen Krankheit an den Arbeitsplatz zurückkehren, eine Wiedereingliederungsphase. Falls Sie das selbst nicht entscheiden können, setzen Sie sich zumindest erkennbar dafür ein, dass eine solche Unterstützung eingeführt wird.

Überprüfen Sie auch, ob es für Ihre Mitarbeiter ausreichend Möglichkeiten für Pausen während des Tages gibt.

Mehr Gestaltungsspielraum
Wenn Sie Ziele vorgeben, achten Sie darauf, dass Sie den Weg zur Zielerreichung offen lassen, um damit den Grad der Selbstbestimmtheit zu erhöhen. Das ermöglicht es Ihren Mitarbeitern, den stärkenden „Flow" zu erleben, jenen selbstvergessenen begeisterten Zustand, der als Voraussetzung eine Herausforderung braucht, die machbar ist, aber auch ein passendes Maß an Anstrengung erfordert.

Mail-Flut eindämmen
Geben Sie Anweisungen zur Eindämmung der E-Mail-Flut. Protokolle und Memos müssen nicht an alle Kollegen versandt werden, es genügt, wenn die mit dem Thema Befassten die Infos bekommen.

Vielleicht können Sie auch dazu beitragen, dass ein Tag Homeoffice in der Woche bei Ihnen salonfähig wird. Das steigert das Maß an Selbstbestimmtheit und bietet stärkende Rückzugsmöglichkeiten. Unilever hat damit beste Erfahrungen gemacht!   **Homeoffice**

Und ermutigen Sie Ihre Mitarbeiter beispielsweise, eine „Stille Stunde" einzuhalten, um sie vor zermürbenden ständigen Unterbrechungen zu schützen. Lassen Sie diese in den Terminkalender eintragen und für wichtige Aufgaben reservieren.

Gewöhnen Sie sich an, Kritik immer zwischen zwei positive Rückmeldungen zu verpacken. Beispiel: „Danke für Ihr Engagement im Projekt xy! Da haben Sie ja mal wieder die Kartoffeln aus dem Feuer geholt! Mir ist wichtig, dass Sie das nächste Mal Ihren Termin halten. Sie wissen, von Ihrer Termintreue hängt viel ab. Ich verlasse mich auf Sie und bin sicher, Sie kriegen das genauso gut hin wie in der Sache zz im letzten Jahr, als Sie es trotz aller Widrigkeiten geschafft haben, pünktlich zu liefern." Bitte achten Sie darauf, dass Sie nach dem positiven Einstieg nicht mit einem „Aber" zur Kritik überleiten. Ein „Aber" würde das Einstiegslob zunichtemachen. Kleiner Aufwand, große Wirkung!   **Sandwich-Feedback**

4. Verteilen Sie Aufgaben gerecht

Es gibt Mitarbeiter, die durch ihre Arbeitsgeschwindigkeit, ihre hohe Leistungsbereitschaft und schnelle Auffassungsgabe hervortreten. Dieser Typ Mitarbeiter wickelt seine Arbeit eigenverantwortlich ab und denkt dabei noch für den Rest des Teams mit. Nachsteuerung und Kontrolle ist so gut wie nie notwendig – sehr angenehm für eine Führungskraft! Es ist sehr verführerisch, gerade solchen Mitarbeitern schnell noch dies und jenes Projekt aufzudrücken: Die schaffen das schon und sind auch noch schnell dabei. Achtung! Gerade diese Mitarbeiter haben das größte Risiko, wegen Burn-out auszufallen. Lassen Sie nicht zu, dass sich Minderleister auf dem Rücken Ihrer guten Mitarbeiter ausruhen. Verteilen Sie die Aufgaben gerecht. Und gewähren Sie Ihren Leistungsträgern besondere Wertschätzung.

Leistungszulage Haben Sie den Mut und differenzieren Sie bei der Leistungszulage. Nutzen Sie die ganze zur Verfügung stehende Bandbreite aus, statt jedem die gleichen 15 Prozent zu geben, um es möglichst allen recht zu machen – das hat mit Gerechtigkeit nichts zu tun! Steuern Sie Lästereien, Mobbingattacken und Streitereien sofort gegen und überlassen Sie deren Beilegung nicht ausschließlich den Betroffenen selbst. Machen Sie Ihre Werte deutlich und geben Sie eindeutig zu verstehen, dass Sie asoziales Verhalten nicht dulden!

5. Fordern und fördern Sie Ihre Mitarbeiter

Gerade indem Sie dafür sorgen, dass Ihre Mitarbeiter auch unangenehmen Fakten nüchtern ins Auge sehen und indem Sie sie fordern, statt falsche Hoffnungen zu schüren, fördern Sie ihre Resilienz. Seien Sie sich bewusst, dass gelegentliche Mehrarbeit nicht gleich zu Überlastung führt. Nehmen Sie Ihrem Mitarbeiter bitte nicht zu viel ab: Um Widerstandsfähigkeit zu entwickeln, sollten Sie seine Eigenaktivität, seine Selbstverantwortung und seine Problemlösefertigkeiten fördern. Stärke entsteht, wenn sie gebraucht wird!

Handeln Sie! Wenn für Sie aufgrund dieser Überlegungen Handlungsbedarf erkennbar wird, dann handeln Sie! Überlegen Sie, was Sie tun können, um den Mitarbeiter zu stützen oder welche Seminare, Trainings oder Coachings Sie Ihrem Mitarbeiter anbieten können, um seine Ressourcen und Leistungsfähigkeit zu fördern.

6. Seien Sie offen, ehrlich und ganz Sie selbst

Reaktionsmuster erkennen Menschen durchlaufen bei Veränderungen, die direkte Auswirkungen auf ihr Leben oder ihr Selbstwertgefühl haben, bestimmte Reaktionsmuster. Das können ganz unterschiedliche Veränderungen mit unterschiedlichem Schweregrad sein. Beispielsweise: ein neuer Kollege, das erste Projekt, radikaler Personalabbau mit der entsprechenden Unsicherheit, was die eigene Stelle angeht, Kostensenkungs-, Rationalisierungs- und

Produktivitätssteigerungsprogramme, Fusionen, Unternehmensverkauf, Neustrukturierung, die interne Rangordnung wird neu gemischt, Prozessoptimierung oder Kulturwandel-Programme wie zum Beispiel Leitbilderstellung, Verbesserung der Kundenorientierung, ... Alles Veränderungen, die auf die Mitarbeiter Einfluss nehmen und mehr oder weniger Sorgen und Bedenken auslösen. Selbst das Einführen einer neuen Software führt schon zu Veränderungen, an die sich nicht alle Mitarbeiter gleichermaßen gut und schnell anpassen können. Wenn die Nachricht über die Neuerung mitgeteilt wird, haben meistens beide Seiten mit unangenehmen Gefühlen zu kämpfen. Dem Überbringer der „schlechten Nachricht", also Ihnen als Führungskraft, geht es dabei nur scheinbar besser als den Empfängern, Ihren Mitarbeitern.

Betrachten wir hier die möglichen Gefühlsreaktionen auf der Seite desjenigen, der die Veränderung ankündigt, im Zweifelsfall Sie selbst.

■ Zeigen Sie Ihr Mitgefühl

Möglicherweise empfinden Sie ein starkes Mitgefühl für Ihren Mitarbeiter, weil Sie sich vorstellen können, was die Veränderung für ihn bedeuten kann: Lebenspläne werden hinfällig, Zorn, Trauer etc. Gleichzeitig wird Ihnen klar sein, dass Sie nur wenig oder gar nicht helfen können. Sie wissen: Aus Unternehmenssicht gibt es keinen anderen Weg. Dieser Zwiespalt aus Mitgefühl und Notwendigkeit kann bei Ihnen ein Gefühl der Hilflosigkeit erzeugen. Damit stehen Sie nicht allein und das brauchen Sie auch nicht zu verbergen. Es macht Sie in den Augen des Mitarbeiters menschlicher.

■ Bieten Sie Ihre „starke Schulter" an

Vielleicht fühlen Sie sich schlecht, weil für Sie alles bleibt, wie es ist, während Ihr Mitarbeiter sich verändern muss. Aus welchem Grund, ist letztlich gleichgültig. Das Entscheidende ist: Ihrem Mitarbeiter hilft es absolut nicht, wenn es Ihnen schlecht geht. Behalten Sie es deshalb für sich. Ihr Mitarbeiter braucht jetzt eine „starke Schulter" und niemanden, auf dessen Gefühle er jetzt auch noch Rücksicht nehmen soll!

■ Nehmen Sie Angriffe nicht persönlich

Bei Veränderungen der einschneidenden Art greift Ihr Mitarbeiter Sie vielleicht an und macht Sie für seine Situation verantwortlich: Sie hätten mehr für ihn tun können, hätten andere bevorzugt behandelt usw. Psychologisch gesehen will er sich damit seinen eigenen unangenehmen Gefühlen entziehen und gibt Ihnen deshalb die Schuld. Nehmen Sie das nicht persönlich. Akzeptieren Sie seine Gefühle und bleiben Sie bei der sachlichen Darstellung der Gründe.

■ Lassen Sie auch unangenehme Gefühle zu

Es ist typisch menschlich, unangenehme Gefühle beiseitezuschieben. Am besten gelingt das, wenn man ein notwendiges Gespräch vermeidet, weil man schon im Vorfeld weiß, dass es emotional hoch hergehen wird oder dass der Mitarbeiter getroffen reagieren wird. Eine Zeit lang mag das „Vor-sich-Herschieben" auch funktionieren. Aber letztlich tun Sie weder sich selbst noch dem Mitarbeiter einen Gefallen damit. Sich selbst nicht, weil Verdrängung eine Menge Energie braucht, die Ihnen dann für Wichtigeres fehlt, und im Sinne der Resilienzförderung bei Ihrem Mitarbeiter nicht, weil er sich hängen gelassen fühlen wird – das Gegenteil von Fairness und Respekt. Stellen Sie sich also dem Gespräch und lassen Sie Ihre Gefühle und die des Mitarbeiters zu. Vermeiden bringt nur Leiden. Durch manche Dinge muss man eben einfach durch und das ist auch schon das ganze Rezept dazu!

■ Nennen Sie das Kind beim Namen

Neben Verdrängen kann man auch Klarheit vermeiden, um den Gefühlen aus dem Weg zu gehen. In dieser Situation gehört es zu den unfairsten Verhaltensweisen gegenüber dem Mitarbeiter. Was er verdient, ist Klarheit über seine Situation, und was Sie brauchen, ist Klarheit über Ihre eigenen Gefühle. Dabei sind Sie fünf Gefahren ausgesetzt:

- **Andeutung von Versprechen** nach dem Motto „Sie werden der Erste sein, mit dem ich ..., wenn ...": Alle Dinge, die Sie nicht fest zusagen können, sind gegen den Mitarbeiter gerichtet. Sie halten ihn davon ab, seine Situation realistisch einzuschätzen, und ermutigen ihn, sich an vage Hoffnungen zu klammern, die sich nie verwirklichen werden.
- **Herunterspielen der tatsächlichen Situation:** „Es wird schon nicht so schlimm werden, warten Sie mal ab ..." Die Situation verharmlosen und Ähnliches hilft nicht. Offenheit und Klarheit sind das Menschlichste, was Sie tun können.
- **Gefühle ausreden:.** „So schlimm ist es doch gar nicht. Sie sind ja noch jung, da kann sich noch vieles ergeben ..." Besser ist eine persönliche Einschätzung seiner Stärken und Schwächen, die ihm hilft, seine Möglichkeiten zu finden.
- **Angreifen:** Der Angreifende möchte häufig seinen eigenen unangenehmen Gefühlen aus dem Weg gehen. „Sie haben sich einfach nicht genügend bemüht, sich ..." Damit schaden Sie letztlich nur dem Selbstwertgefühl des Mitarbeiters, wodurch sich dessen Resilienz sicher nicht verbessert.
- **Im selben Boot sitzen:** Ich erlebe immer wieder, dass Führungskräfte dem möglichen Unmut von Mitarbeitern ausweichen, indem sie sich mit dem Mitarbeiter ins gleiche Boot setzen: „Ich finde das ja auch nicht gut, du hast ja recht. Aber die da oben wollen das so ..." Bitte widerstehen Sie diesem verständlichen Impuls! Sie schwächen Ihren Mitarbeiter damit und sich selbst auch!

- **Lassen Sie kein Gefühl von Verrat entstehen**

Oft entstehen durch die Arbeit persönliche Beziehungen. Dann ist die Gefahr besonders groß, die Wahrheit „weichzuspülen", unklar darzustellen und mit Verniedlichen, Versprechungen und verharmlosendem Trösten zu reagieren. Damit setzen Sie die Beziehung aufs Spiel, die Ihnen so wichtig ist. Denn wenn sich die Vertröstungen dann doch als wahr herausstellen, wird Sie Ihr Mitarbeiter als Verräter ansehen. Gerade in dieser Situation ist die allergrößte Klarheit und Offenheit angebracht, Ihre eigenen Gefühle eingeschlossen.

■ **Wenden Sie die „Hau-Ruck-Pflastermethode" an**

Mal angenommen, Sie hätten ein Pflaster an Ihrem Körper, das in der Wunde und in der Körperbehaarung festklebt und wahrscheinlich nicht schmerzlos zu entfernen ist. Und mal angenommen, Sie würden Ihre Partnerin oder Ihren Partner bitten, das Pflaster zu entfernen. Dabei könnte sie oder er zwischen zwei Möglichkeiten wählen: entweder zögerlich das Pflaster abzulösen und voller Schreck jedes Mal wieder loszulassen, wenn Sie einen Schmerzenslaut von sich geben, um sich dann erneut zögerlich ans Werk zu begeben, immer wieder unterbrochen von Ihren „Auas". Das würde die Prozedur ungemein verlängern ... Oder Sie wählen die zweite Möglichkeit und sagen: „Bitte nimm das Pflaster und ziehe es in einem Stück einfach runter, egal was ich tue." Sie werden ein einziges Mal vielleicht etwas lauter als bei der ersten Methode „Aua!" schreien. Und das war es. Das war schnell erledigt und Sie können ab sofort den Heilungsprozess beobachten und sich wieder anderen Dingen zuwenden.

Ich empfehle die zweite Methode, die „Hau-Ruck-Pflastermethode", und behaupte, dass Ihnen jeder Mitarbeiter sehr dankbar sein wird, wenn Sie unangenehme Gespräche, Ankündigungen etc. genauso handhaben!

Im Kapitel „1. Wurzel: Akzeptanz – die Dinge annehmen, wie sie sind" habe ich Ihnen anhand der vier Phasen der Anpassung an Veränderungen schon verdeutlicht, warum Sie Ihren Mitarbeiter auf diese Weise durch Veränderungsprozesse begleiten sollten.

Die Verantwortung für eine starke Widerstandskraft liegt also nicht nur beim Einzelnen selbst?

Nein, Menschen sind zwar sehr gut darin, sich an alle möglichen Bedingungen anzupassen. Und viel von dem, was man aus diesen Bedingungen macht, liegt tatsächlich in den Händen jedes Einzelnen, Das bedeutet aber nicht, dass wir die Verantwortung für den Aufbau von Resilienzfähigkeit allein dem einzelnen Beschäftigten in die Schuhe schieben können. Resilienz entwickelt sich in einem Interaktionsprozess zwischen dem Mitarbeiter und seinem Arbeitsumfeld. Dabei spielt vor allem auch die Beziehung zur Führungskraft eine entscheidende Rolle. Unterstützen Sie Ihre Mitarbeiter beim Aufbau ihrer inneren Widerstandskraft – lassen Sie deren Bamboos wachsen und gedeihen und denken Sie regelmäßig daran, diese zu „gießen".

Notfallkit für große Turbulenzen

„Es muaß was geschehgen,
weil, wenn net bald was gschieht,
dann passiert no was!"

AUS MÜNCHEN

Wenn es hoch hergeht, braucht es einen Notfallkit, um zur inneren Kraft (zurück) zu finden. Sie wollen Ihren Akku wieder aufladen und auch in stürmischen Zeiten schnell wieder ruhig und fokussiert sein? Entdecken Sie im folgenden Teil den Königsweg zu Ihrem Bamboo: Achtsamkeit, und probieren Sie die Basis- und Alltags-Übungen dazu aus.

Außerdem stelle ich Ihnen die zehn besten Bamboo-Aktivierer vor. Es sind vielfach bewährte und erprobte Methoden, um auch bei großen Turbulenzen einen klaren Kopf zu behalten und stark zu bleiben. Wählen Sie einfach aus dem Angebot aus, was zu Ihnen passt und was Sie spontan anspricht. Manches erscheint Ihnen möglicherweise etwas abenteuerlich, aber probieren Sie es einfach mal aus – es wirkt!

Achtsamkeit üben –
der sicherste Weg zu Ihrem Bamboo

Achtsam sein bedeutet, innere und äußere Vorgänge mit ungeteilter, bewusster Aufmerksamkeit zu beobachten, ohne diese zu beurteilen.

Oder anders gesagt: Achtsamkeit beinhaltet Aufmerksamkeit und Achtung – Aufmerksamkeit für nur gerade das, was im Moment ist, und Achtung vor allem, was uns umgibt. Gehen wir mit einer Haltung von Achtsamkeit an die Dinge heran, dann hören wir auf, alles in Schubladen einzuteilen, und bleiben wie eine Teflonoberfläche an nichts haften. Diese Haltung zeichnet sich aus durch Neugier, Forschergeist, Geduld und Akzeptanz.

Achtsamkeit = Aufmerksamkeit + Achtung

Nicht beurteilen ist für uns Menschen nicht ganz so einfach: Schon von Kindesbeinen an lernen wir, alles, was uns umgibt, zu beurteilen, einzuordnen und in Kategorien einzuteilen. Wir lernen zwischen Gut und Böse, Freunden und Feinden und Nutzpflanze und Unkraut zu unterscheiden. Unser Denken wird nach und nach auf „schwarz-weiß" eingestellt. Da gibt es gute und böse Tiere, Mögliches und Unmögliches und wir lernen, was „man" tut und was „man" lieber sein lässt.

Achtsamkeit = Lernen, nicht zu beurteilen

Vor lauter Urteilen verlieren wir das Vertrauen in unsere eigene Wahrnehmung – vor allem dann, wenn sie dem angelernten Urteil widerspricht. Haben Sie gewusst, dass wir unsere Entscheidungen zu 98 Prozent aus internaler Verschaltung im Gehirn, also auf Basis gemachter Erfahrungen, und nur zu zwei Prozent aus externaler Wahrnehmung treffen? Das heißt, nur in zwei Prozent aller Fälle treffen wir unsere Entschlüsse aufgrund tatsächlicher Fakten!

Wir müssen deshalb nicht jede Situation aufs Neue bewerten, was uns einerseits zwar viel Zeit und Denkarbeit spart, uns auf der anderen Seite aber auch in altvertrauten Gleisen hält, die nicht immer zu unserem Vorteil sind. Das Gegenteil von Achtsamkeit!

Das Prinzip Achtsamkeit lehrt uns, dass auch sein kann, was nicht sein darf. Achtsamkeit gibt uns das Vertrauen in unsere eigene Wahrnehmung zurück, macht uns unabhängig von automatisch ablaufenden Programmen in unserem Kopf und dem, was „man" tut. Achtsamkeit gibt uns unseren freien Willen zurück und viel innere Kraft.

Achtsamkeit = genaues Wahrnehmen Achtsam zu sein bedeutet, unsere Fähigkeit weiterzuentwickeln, unsere Denk- und Verhaltensmuster, Reaktionen auf Situationen, Menschen und Dinge genau wahrzunehmen. Mit Achtsamkeit erkennen wir, was wir tun und warum wir es tun. Das Gute daran: Wenn wir wissen, was los ist, können wir passend auf eine Situation eingehen und erkennen, was jetzt gebraucht wird. Achtsamkeit ist eine Haltung, bei der wir wie ein neutraler Beobachter alles, was geschieht, registrieren, ohne manipulierend einzugreifen.

Wirksamkeit und Nutzen von Achtsamkeit

Zahlreiche wissenschaftliche Studien, beispielsweise an der Freiburger Universität und dem „Freiburger Institut für Achtsamkeitsforschung", haben die Wirksamkeit von Achtsamkeit belegt. Danach zeigt eine in den Alltag integrierte Anwendung von Achtsamkeitsübungen eine nachweislich entlastende und stärkende Wirkung.

Eigentlich sind es unsere eigenen Gedanken und Sorgen, die uns den meisten Stress machen. Diese negativen Gedankenschleifen lassen sich insbesondere in besonders druckvollen Phasen nur schwer abschalten. Das negative Gedankenkino kann sogar zu Depressionen, chronischen Sorgen oder Angststörungen beitragen. Daher ist es wichtig, die Spirale möglichst schnell zu unterbrechen. Damit Ihnen das gelingt, müssen Sie raus aus Ihren inneren Schleifen und wieder wahrnehmen, was tatsächlich ist.

Achtsamkeitsübungen: Achtsamkeit lässt sich erlernen

Achtsamkeit bringt uns wohltuenden Abstand zu den eigenen Emotionen und Gedanken. Wir werden wieder Herr der Lage. Je häufiger Sie einfache Achtsamkeitsübungen in Ihren Alltag integrieren, desto mehr wird sich das Gefühl von Ruhe und Gelassenheit in Ihnen breitmachen und der Stress hat keine Chance mehr. Achtsamkeit zu erlernen ist nicht schwer. Es geht einfach darum, in jedem Moment – auch in den stressigen – alle Gedanken und Gefühle erst einmal nur zu beobachten und zu erkennen, dass alle Wahrnehmungen, ob angenehm oder unangenehm, kommen und gehen, wie die Wolken am Himmel.

Nur beobachten, nicht kämpfen! Wenn Sie Ihren Stress loswerden wollen und mit ihm kämpfen, geben Sie ihm viel zu viel Energie und machen ihn damit stark. Jedes Mal, wenn Sie sich aufregen, ärgern und gegen etwas ankämpfen, kostet das Ihre Energie und Ihre Kraft.

Innere Stärke gewinnen Sie, wenn Sie Ihre Gedanken kontrollieren können und nicht mehr um noch nicht gelöste oder noch nicht einmal bestehende Probleme kreisen.

Mit den folgenden einfachen Achtsamkeitsübungen erlernen Sie die Fähigkeit, den sorgenvollen, grüblerischen und energieraubenden Gedankenstrom zu stoppen.

Basis-Übung 1: Gedanken bündeln

Die Basis für viele Arten der Meditation ist die Konzentration auf den Atem, ein sehr wirkungsvolles Mittel für mehr Gelassenheit! Versuchen Sie zum Einstieg in mehr Achtsamkeit, Ihr Denken zu sammeln, indem Sie Ihre Aufmerksamkeit auf Ihren eigenen Atem richten. Setzen oder legen Sie sich dazu an einen Ort, wo Sie in den nächsten 5 bis 10 Minuten nicht gestört werden. Es ist egal, ob Sie sich auf einen Stuhl setzen, sich auf den Boden oder aufs Bett legen.

Konzentrieren Sie sich auf das Einatmen, das Ausatmen, die Atempause, auf nichts weiter. Wenn Sie merken, dass Ihre Gedanken abschweifen, was anfangs immer wieder passieren wird, ärgern Sie sich nicht, das ist ganz normal. Kommen Sie einfach wieder auf Ihre Atmung zurück.

Sie können sich dabei auch einen Bereich Ihres Körpers suchen, wo Sie den Atem fühlen können. Dies könnte zum Beispiel die Innenseite der Nasenflügel sein, wo Sie merken, wie die Luft in den Körper ein- und wieder ausströmt. Oder Sie richten Ihre Aufmerksamkeit auf die Bauchdecke und spüren nach, wie der Bauch sich im Atemrhythmus hebt und senkt. Versuchen Sie dabei, den Atem nicht zu verändern. Lassen Sie es einfach geschehen, ohne den Atem zu verlängern, zu verkürzen oder zu vertiefen.

Mit der Zeit schaffen Sie es, die Konzentration während der Übung immer länger und intensiver beim Atem zu belassen, und werden dadurch automatisch auch im Alltag achtsamer und stressresistenter.

Basis-Übung 2: Innere Klarheit

Etwa 90 Prozent unserer Gedanken laufen wie eine Art Hintergrundrauschen im Gehirn völlig ungeordnet und in häufigen Wiederholungsschleifen ab. Dieser Gedankenstrom wird uns meist nicht bewusst, spült uns aber dennoch häufig von dem weg, womit wir uns gerade eigentlich beschäftigen, und lässt uns unkontrolliert vom Hundertsten zum Tausendsten kommen – inklusive der damit verbundenen Gefühle.

Gewinnen Sie die Kontrolle über Ihr Denken und Fühlen, indem Sie sich in Alltagssituationen fragen: „Was denke ich gerade?" Ob Sie gerade fernsehen, arbeiten, Auto fahren, beim Einkaufen sind oder spazieren gehen: Sie werden feststellen, dass Sie in jedem Moment, bisher noch unbewusst, immer irgendwelche Gedanken haben!

Indem Sie sich dessen bewusst werden, haben Sie den ersten Schritt zur Gedankenkontrolle getan.

Bleiben Sie beim Beobachten, lassen Sie die Gedanken ziehen wie Wolken, ohne sich mit dem Inhalt der Gedanken weiter zu beschäftigen und an ihnen hängen zu bleiben. Lassen Sie sich nicht wegspülen.

Überprüfen Sie, ob Sie sich mit einem Gedanken beschäftigen wollen oder ob Sie sich von ihm beschäftigen lassen! Entscheiden Sie bewusst, worauf Sie Ihr Denken richten wollen.

Sie können Ihr Denken jederzeit auch auf etwas anderes konzentrieren als auf das, was Ihnen Ihr Gehirn anbietet! Beispielsweise wie in Übung 1 auf Ihren Atem, oder auf Ihr letztes Erfolgserlebnis. Sie sind nicht mehr Opfer Ihrer Gedanken und der daraus resultierenden Gefühle. Sie können selbst entscheiden, welchen Gedanken Sie Eintritt in Ihre Welt gewähren und welchen Sie sagen „Du musst draußen bleiben!". So erzeugen Sie innere Klarheit, Konzentration und Stärke.

Basis-Übung 3: Reizdiät

Sie sollten bewusst auswählen und entscheiden, was Sie in Ihre Gedankenwelt hineinlassen und was nicht. Treffen Sie eine kritische Auswahl und reduzieren Sie die Masse an Reizen, die Ihre Gedanken erst anstoßen. Geben Sie Ihrem Gehirn immer wieder die Gelegenheit, sich in die Hängematte zu legen und zu entspannen. Legen Sie beispielsweise an einem Abend in der Woche einen „Wüstenabend" ein: Erklären Sie einen Abend in der Woche zu einem Abend der Stille ohne Fernseher, Telefon, Besuch oder Weggehen. Legen Sie einen Abend als „Einsiedler" ein, an dem Sie sich zurückziehen und ganz bewusst nichts anderes machen als „nach innen zu lauschen". Probieren Sie einmal aus, beim Kochen oder Autofahren das Radio auszulassen, das Handy zeitweise auszuschalten oder ein paar Tage „Facebook zu fasten". Besuchen Sie einen Meditationskurs, statt am Wochenende auch noch eine Einkaufstour zu machen, und nehmen Sie Ihren Urlaub einmal als echte Auszeit.

Wenn man es sich mal genau anschaut, ist Achtsamkeit fast überall anwendbar. Nur ist es eben bei manchen Aktivitäten schwierig, sich nicht von den äußeren Geschehnissen mitreißen und in Stress versetzen zu lassen. Statt die neben der Arbeit verbleibende Zeit mit häufig unproduktiven Gedanken und Sorgen zu verbringen, sollten Sie sich Zeiten für die Achtsamkeit reservieren. Dafür werden Sie mit Stressresistenz und mehr Energie belohnt. Folgende leicht in den Alltag einzubauende Achtsamkeitsübungen können Sie ohne zusätzlichen Zeitaufwand nutzen, um Ihre innere Kraft weiter zu stärken.

Alltags-Übung 1: Beim Gehen

Normalerweise denkt man überhaupt nicht über das Laufen und Gehen nach, es geht alles ganz automatisch. Erst wenn man sich ein Bein gebrochen hat, merkt man, dass Laufen ein ganz schön komplizierter Vorgang ist. Lenken Sie Ihre Aufmerksamkeit einmal auf das Gehen. Suchen Sie sich zunächst eine kleine Gehroute aus, entweder im Wald, Park, Garten oder auch zu Hause in der Wohnung. Gehen Sie langsam. Konzentrieren Sie sich auf Ihren Atem. Achten Sie genau darauf, wie der Atem beim Gehen ein- und ausströmt. Dann fokussieren Sie sich auf den Takt der Schritte und wie sich der Körper dabei anfühlt. Wenn der Geist mal wieder abwandert (zum Beispiel weil er sich langweilt), lassen Sie das einfach geschehen, bringen aber die Konzentration sanft wieder auf das Gehen. Spüren Sie, wie die Füße den Boden berühren. Fühlen Sie den Druck der Fußfläche und das Abrollen des Fußes. Die Gedanken an andere Dinge werden immer wieder auftreten. Kehren Sie dann mit Ihrer Konzentration immer wieder zum Atem- und Gehvorgang zurück. Gehen Sie insgesamt 10 Minuten.

Alltags-Übung 2: Im Auto

Schauen Sie sich vor der nächsten Fahrt zunächst mal Ihren Fahrersitz an und prüfen Sie, ob Sie auf dem Sitz ohne Verkrampfungen das Lenkrad und die „Instrumente" bedienen können. Auf Ihrer ersten Meditationsfahrt machen Sie dann zunächst Folgendes: Sie stellen das Autoradio ab oder legen eine CD mit Entspannungsmusik ein. Atmen Sie tief ein und aus und fahren Sie los. Achten Sie darauf, dass Sie gerade sitzen und die Schultern locker herunterhängen. Wählen Sie, wenn möglich, unterschiedliche Strecken zur Arbeit und schauen Sie sich mit vollem Bewusstsein an, was Sie auf der Strecke sehen, ob Stadt oder Landschaft. Wenn Sie sich dabei ertappen, an andere Dinge zu denken, wie den Berufsalltag oder was Sie bei Ankunft noch alles tun müssen, kehren Sie sanft zum Beobachten zurück. Fahren Sie mit Bewusstheit und nehmen Sie jedes andere Fahrzeug, die Menschen, Schilder und die Landschaft mit vollen Sinnen wahr. Helfen kann auch die Vorstellung, dass Sie die Stadt oder das Dorf, durch das Sie fahren, zuvor noch nie gesehen haben. Erleben Sie die Umgebung als völlig neu und nehmen Sie die Eindrücke in sich auf. Üben Sie dies zumindest einmal in der Woche.

Alltags-Übung 3: Beim Duschen

Wenn Sie unter der Dusche stehen, fordern Sie sich selbst auf, alle Einzelheiten dieses Vorgangs genau wahrzunehmen. Sehen Sie sich in der Dusche genau um und schauen Sie sich die Gegenstände und das Wasser genau an. Wenn andere Gedanken auftreten, bringen Sie sich sanft zu dieser Beobachtung zurück. Hören Sie auch genau hin, stellen Sie gegebenenfalls das Duschradio aus, und hören Sie nur auf die unterschiedlichen Sounds, die das Wasser produziert. Und nicht zuletzt: Fühlen Sie, wie die einzelnen Tropfen oder der Strahl auf verschiedenen Stellen Ihres Körpers auftrifft. Wenn Sie es schaffen, eine aufmerksame, nicht wertende Beobachtung dieser Sinneseindrücke für 10 Minuten hinzubekommen, haben Sie bereits eine wertvolle Oase in Ihren Alltag eingebaut, die – regelmäßig besucht – viel für die Absenkung Ihres Stresslevels tun kann.

Alltags-Übung 4: Im Job

Es gibt leider nur noch wenige Berufe, insbesondere in großen Unternehmen oder Behörden, die dem Berufstätigen genügend Erholung bieten, um den dauernden Stress zu reduzieren. Während es vor 20 Jahren lediglich das Telefon, Kollegen und Besuche von außen waren, die den Arbeitsalltag neben den täglichen Aufgaben prägten, sind es heute fast in jedem Beruf eine oft unzählige Menge an E-Mails, Fax- und Briefdokumenten sowie komplexere Unternehmens- oder Behördenorganisationen, die den Arbeitsalltag verkomplizieren und meistens erheblich schneller gemacht haben. Die Geschwindigkeit, in der Informationen fließen, hat sich insbesondere durch das Internet und E-Mails erheblich gesteigert. Leider sind damit auch die Erwartungen an ein schnelles Feedback gestiegen. Immer und immer wieder wird man durch E-Mails und Anfragen in seinem Arbeitsablauf unterbrochen. Natürlich sind viele dieser E-Mails wichtig und man kann sie nicht einfach ignorieren. Senken Sie mit folgender Übung den Stresslevel, der häufig durch die hohe Informationsgeschwindigkeit und die hohen Anforderungen im Beruf entsteht:

Grundsätzlich sollten Sie zunächst darauf achten, auch im Job im „Hier und Jetzt" zu bleiben. Nehmen Sie sich für den nächsten Arbeitstag einmal vor, sich zu notieren, wann immer Sie in Gedanken abschweifen und sich über bereits vergangene Umstände oder Unterlassungen ärgern, zum Beispiel „Warum habe ich gerade nicht anders reagiert, als mein Chef mich kritisiert hat", „Warum bin ich dem Streit mit dem Kollegen X nicht aus dem Weg gegangen?", „Warum bin ich immer das Opfer?" etc. Gleiches gilt für Sorgen und Befürchtungen in der Zukunft: „Das schaffe ich doch gar nicht bis morgen", „Wahrscheinlich nervt mich mein Kollege gleich schon wieder" etc. Werden Sie sich also erst einmal bewusst, wie oft Sie in Gedanken vom Jetzt abweichen. Damit sind natürlich nicht konstruktive Planungen der Zukunft von Projekten etc. oder zum Beispiel die Verbesserung von Arbeitsabläufen aufgrund von bestimmten Lehren aus der Vergangenheit gemeint. Hier geht es um – auch aus Ihrer Sicht – unnötige Ausflüge Ihres Verstandes in die Vergangenheit und die Zukunft. Gelingt es Ihnen durch bewusste Konzentration auf Ihre gerade fällige Arbeit, sich immer und immer wieder von den Abschweifungen wieder zurück ins Jetzt zu holen, haben Sie schon einmal viel gewonnen: nämlich zum einen Zeit und zum anderen weniger innere Stressoren.

Sie erkennen, dass Ihre Übungen erfolgreich waren und Sie achtsam sind, wenn Sie

- Emotionen wahrnehmen, ohne darauf reagieren zu müssen
- Gefühle und Gedanken beobachtend bemerken und in Ruhe wahrnehmen, auch wenn sie unangenehm oder schmerzhaft sind
- mit Bewusstheit handeln
- Erfahrungen nicht beurteilen, zum Beispiel sich selbst nicht für „unangemessene Emotionen" kritisieren
- „Metabewusstsein" haben, also über Ihr Denken nachdenken und dieses reflektieren.

Ihre Wege zu mehr Bamboo

Bewegen Sie sich!
Die körperliche Bewegung macht den Kopf frei, regt das Denken und die Konzentration an. Je stärker das Herz schlägt, umso mehr beruhigen sich die Nerven. Bewegung hat eine wissenschaftlich nachgewiesene stimmungsaufhellende Wirkung, die vor Belastungen und sogar vor Depressionen bewahrt. Studien haben ergeben, dass Ausdauersport sogar Symptome einer bestehenden Depression bessert – selbst bei Patienten, denen Medikamente nicht geholfen haben! Aber keine Sorge: Schon ein gemütlicher Spaziergang bringt Sie schnell wieder ins Lot.

Frönen Sie einem Hobby!
Haben Sie auch manchmal das Gefühl, keine Zeit für ein Hobby zu haben? Vielleicht sind Sie auch schon so gestresst, dass Sie einfach keine Lust haben, Ihrem Hobby nachzugehen? Oder Sie haben gar keins? Suchen Sie sich eins und nehmen Sie sich regelmäßig Zeit dafür!

Stresssymptome wie Niedergeschlagenheit, Schlafstörungen, oder das immer wiederkommende Gefühl von Überforderung haben häufig mit einer Form von Angst zu tun: der Angst, die Übersicht zu verlieren, die falsche Entscheidung zu treffen, die Angst zu versagen, nicht belastbar genug zu sein. Ängste sind eine biologische Reaktion auf Unübersichtlichkeit und Reizüberflutung und werden uns häufig gar nicht als solche bewusst.

Psychologen sind sich einig, Hobbys sind für die seelische Widerstandskraft nicht zu unterschätzen, weil der Einzelne darin einen Bereich hat, in dem er sich gut auskennt, der überschaubar ist, ihm Erfolgserlebnisse verschafft und Freude macht. Denn der mächtigste Gegenspieler von Angst ist Freude und Lust an einer Tätigkeit: Wer Lust empfindet, kann in diesem Moment nicht gleichzeitig Angst haben.

Machen Sie Ihren inneren Schweinhund zu Ihrem Freund!
Wann immer Sie Ihren Schweinehund überwinden und sich ein Herz fassen und sich bewegen, ein Hobby ausüben, aktiv am Vereinsleben teilnehmen, pilgern oder einen Traum wahrmachen, stärken Sie Ihre „Selbstwirksamkeit", also das Gefühl, etwas aus eigener Kraft erreichen zu können. Das wiederum ist, wie wissenschaftliche Studien zeigen, ein Schlüsselfaktor für seelische Widerstandskraft.

Gönnen Sie sich Auszeiten!
In Island ist es üblich, sich für mehrere Wochen im Jahr aus dem Beruf zurückzuziehen, um einer unabhängigeren Lebensweise ohne Telefon, TV-Gerät und Internetanschluss und mit nur sehr spärlichem menschlichem Kontakt nachzugehen. Diese Form der Selbstbestimmung, die Konzentration auf wenige Tätigkeiten, stärkt das seelische „Immunsystem" und erhöht die Lebenszufriedenheit. Vielleicht ist das auch ein Grund dafür, dass die Lebenserwartung in Island eine der höchsten in Europa ist. Keine Sorge, auch kleine Auszeiten haben schon große Wirkung! Sie müssen nicht gleich jedes Jahr mehrere Wochen als Einsiedler leben. Ein Abend in der Woche wäre schon ein großer Gewinn – wie in der Achtsamkeitsübung „Wüstenabend".

Suchen Sie die Gemeinschaft!
Wie im Kapitel „Tiefe Wurzeln" zum Thema „Verbundenheit" schon dargestellt, ist der Mensch ein soziales Wesen. Alleine verkümmert er, während Erlebnisse mit anderen positive Emotionen wecken und sein Schutzschild verstärken. Wer mit Freunden lacht, tanzt und Spaß hat, kann die Belastungen des Alltags

völlig vergessen. Dauerhafte Einsamkeit dagegen löst oft Angststörungen und Schwermut aus und ist, wie Analysen zeigen, genauso gesundheitsschädlich wie Alkoholmissbrauch oder übermäßiges Rauchen. Wertschätzung durch andere, das Gefühl von Gut-aufgehoben-Sein, Leben in Gemeinschaft: All das sind wichtige seelische Schutzfaktoren.

Schöpfen Sie Kraft aus der Entspannung!
Ich erlebe in meinen Coachings und Seminaren immer wieder, dass Menschen sich gerade dann noch doppelt so sehr anstrengen, wenn sie eigentlich schon am Rande ihrer Kraft sind. Häufig sind das „Siegertypen": Niemand von den Kollegen, nicht der Chef und auch nicht die Mitarbeiter würden im Traum vermuten, dass dieser Typ nachts nicht mehr gut schläft, ihm manchmal die Hände zittern oder sein Herz beängstigend rast. Diese Menschen wollen ihre Situation nicht wahrhaben, treiben sich an und sagen „Ich will das schaffen, ich muss das schaffen!". Daraus entsteht allerdings eine Abwärtsspirale, die schnell die Kraftreserven aufzehrt und, wenn sie nicht gestoppt wird, auf direktem Weg in einen Burn-out führt. Es ist ein fataler Irrglaube, dass Sie nur mit großer Anstrengung beruflichen Erfolg erreichen oder erhalten können. Ständig unter Hochspannung vergessen viele: Kraft kommt aus der Entspannung, nicht aus der Anspannung!

Wenn Sie genügend Entspannungsphasen in Ihren Arbeitsalltag einbauen, werden Sie feststellen, dass Sie mit Leichtigkeit viel mehr in kürzerer Zeit mit einem besseren Ergebnis schaffen, als wenn Sie sich dabei anstrengen müssen.

Bauen Sie Spannungen mit Meditieren ab!
Falls Sie sich auch schon einmal gefragt haben sollten, welchen Nutzen denn das Meditieren wohl haben kann und ob das auch etwas für Sie ist oder nur für „esoterische Spinner", so interessiert Sie vielleicht, dass in einer wissenschaftlich abgesicherten, ‚nichtesoterischen' Studie herausgefunden wurde, dass die Meditation auch bei geringem Aufwand erstaunlich nützlich sein kann: Meditieren fördert die Konzentration, verbessert das

Leistungsvermögen und baut psychische Spannungen und Ängste ab. Diese Wirkungen treten interessanterweise unabhängig davon ein, ob man bestimmte weltanschauliche und/oder religiöse Vorstellungen mit dem Meditieren verbindet. Sie müssen also kein Buddhist sein oder an Energiearbeit glauben, um die genannten Effekte zu verspüren. Es reicht, sich einfach darauf einzulassen und einfach mal zehn oder 20 Tage lang eine Viertelstunde zu opfern, um eine einfache Achtsamkeitsmeditation durchzuführen.

Achtsamkeitsmeditation? Ganz einfach. Es ist nicht nötig, siebendimensionale Mandalas mental entstehen zu lassen oder zu versuchen, den Heiligen Geistes im Äther zu finden. Es reicht, sich ungestört auf die Atmung zu konzentrieren. Im normalen, aufrechten Sitzen, ganz ohne das rechte Ohrläppchen mit der linken kleinen Zehe berühren zu müssen. Einfachen Einstieg finden Sie mit meinen Achtsamkeitsübungen. Oder besuchen Sie einen der zahlreichen Meditationskurse in Ihrer Nähe.

Widmen Sie sich „erdenden Tätigkeiten"!
Wenn es stressig wird, geht schnell unsere „Erdung" verloren. Wir werden hektisch, unkonzentriert und verlieren den Fokus auf unsere Ziele. Was uns da rausholen kann, sind „erdende Tätigkeiten" wie Kochen oder Gärtnern und alles, wobei Sie Ihre eigenen Hände einsetzen, um etwas zu erschaffen. Beispielsweise kreative Prozesse wie Zeichnen oder Schreiben, das Pflanzen und Zusehen beim Wachsen oder die Beschäftigung mit einem Haustier. Dies sind durch und durch optimistische Aktivitäten und unterstützen uns, auch in druckvollen Zeiten eine positive Einstellung zu bewahren. Erdende Tätigkeiten sorgen außerdem dafür, dass wir in Kontakt zu uns selbst bleiben.

Gehen Sie Unangenehmes in „Microschritten" an!
Mal angenommen, Sie hätten sich vorgenommen, mehr Sport zu treiben, weil Sie erkannt haben, dass dies eine gute Idee ist, um Belastungen besser standzuhalten. So wie ich damals, als ich erkannte: „Ich muss etwas tun." Ich hatte zwar immer wieder

von den Vorzügen des Joggens gehört, aber alles in mir schrie: „Boah, Joggen ist langweilig und überhaupt: Im Sommer ist es zu heiß, im Winter ist es zu kalt, im Regen macht es auch keinen Spaß und es ist fürchterlich anstrengend." Jede Form von Sport war mir schlicht zuwider. Ich hasste es, zu schwitzen und außer Atem zu sein. Ich habe mit allen Tricks versucht, mich zu motivieren: mir Belohnungen versprochen, schicke Laufkleidung gekauft, mir vorgestellt, wie gut mir das Laufen tun würde und so weiter. Nichts half.

Bis ich bei Mary LoVerde in deren Buch „Wege aus der Stressfalle" das Konzept der Microaktionen gefunden habe: klitzekleine Schritte, die uns in die gewünschte Richtung bringen, ohne den Schweinehund auf den Plan zu rufen.

Wie funktionieren Microhandlungen? Nun, ich hatte mir vorgenommen, drei Mal die Woche Sport zu machen. Als erste Microaktion habe ich mir vorgenommen, erst einmal nur die Trainingsklamotten anzuziehen. Nur das. Kein Training! Nach dem dritten Mal, als ich so dastand mit meiner Sportkleidung, dachte ich, jetzt kann ich ja doch zumindest mal vor die Tür gehen, und ich bin 20 Minuten lang gemütlich spazieren gegangen. Die zweite Microaktion! Dann habe ich mir als nächsten Minischritt eine Minute joggen vorgenommen. Nach und nach konnte ich mich damit tatsächlich überwinden, jeweils 40 Minuten zu joggen. Nicht immer dreimal die Woche, aber immer öfter.

Auch das lästige Aufräumen der Wohnung habe ich auf diese Art vor Jahren in den Griff bekommen. Erste Microaktion: den Staubsauger rausholen und den Stecker einstöpseln. Manchmal stand der Staubsauger drei Tage herum, bis ich den zweiten Microschritt getan und zumindest den Flur gesaugt habe … Aber Sie werden feststellen: Unversehens haben Sie auf diese Art die ganze Wohnung gesaugt, wo Sie doch sowieso schon mal dabei sind.

Warum funktioniert das so gut? Die Verpflichtung, die wir uns selbst gegenüber eingehen, ist so gering, dass sie in jedem Fall zu schaffen ist. Und das typische Versagensgefühl fällt weg, das uns gerne befällt, wenn wir uns zu viel auf einmal vornehmen und es dann nicht schaffen. Eine Minute joggen oder den Staubsauger nur einstöpseln geht immer! Und schon hat man sich ausgetrickst und sämtliche Motivationshindernisse überwunden.

Ob Sie sich zu mehr Bewegung aufraffen oder endlich Ihr Englisch aufpolieren wollen, ob Sie sich zur Mehrleistung im Projekt oder zum Angehen unangenehmer Gespräche motivieren wollen, mit diesen mikroskopisch kleinen Schrittchen können Sie sich selbst zu Veränderungen aller Art bewegen. Viele meiner Kunden können es bestätigen: Es funktioniert! Probieren Sie es aus!

Die zehn besten und schnellsten Bamboo-Aktivierer

Hier die besten zehn Kraft-Quickies, die Sie jederzeit einsetzen können, um Ihren Bamboo wieder in Schwung zu bringen:

1. Atemtreppe

Atmen Sie stufenweise in drei Schritten tief ein, danach doppelt so lange aus, also in sechs Stufen. Machen Sie eine kurze Pause, bis die Einatmung von alleine wieder einsetzt, und wiederholen Sie die Übung noch viermal. Das können Sie beispielsweise kurz zwischendurch beim Gang zur Kantine oder ins Nachbarbüro einbauen.

2. Der Löwe

Rollen Sie Ihre Zunge so ein, dass die Unterseite Ihrer Zunge am oberen Gaumen anliegt. Lassen Sie dabei Ihren Mund offen stehen, schauen Sie nach unten in Richtung Ihres Kinns und atmen Sie zehnmal langsam ein und aus. Sie werden sofort bemerken, wie sich Ihre Nerven beruhigen!

3. Sehen – Hören – Spüren

Setzen Sie sich in Ruhe hin, egal wo Sie sind, oder bleiben Sie einfach stehen, wenn Sie unterwegs sind. Achten Sie auf die Außenwelt. Schauen Sie sich in der Umgebung um und zählen Sie auf, was Sie sehen können. Das können völlig beliebige Dinge sein. Zählen Sie im Geist zehn Dinge auf, die Sie gerade sehen. Dann konzentrieren Sie sich darauf, was Sie hören können. Konzentrieren Sie sich bewusst darauf, welche Stimmen und Geräusche hörbar sind. Zählen Sie im Geist zehn Dinge auf, die Sie hören können. Jetzt spüren Sie den Kontakt Ihres Körpers zur Umwelt (wie zum Beispiel das Gefühl der Kleidung, der Sitzunterlage, eines Luftzugs). Zählen Sie im Geist zehn Dinge auf, die Sie spüren können.

Dann beginnen Sie tief und entspannt zu atmen. Atmen Sie zunächst – wie im „Atemtreppen-Quickie" – auf drei ein und auf sechs aus. Machen Sie dies drei Minuten lang. Dann richten Sie Ihre Aufmerksamkeit wieder nach außen. Sehen, hören und spüren Sie genau und benennen Sie innerlich wieder, was Sie hören, sehen und spüren, dieses Mal jeweils fünf Dinge. Im nächsten Schritt beginnen Sie wieder Ihre tiefe Ein- und Ausatmung. Diesmal versuchen Sie, so tief einzuatmen, dass Sie auf vier einatmen und wieder doppelt so lange, also auf acht, ausatmen. Richten Sie Ihren ganzen Körper auf und strecken Sie sich. Versuchen Sie etwas zu lächeln und ein wenig nach oben zu schauen. Widmen Sie sich dann wieder Ihrer Tätigkeit – jetzt schon viel ruhiger. Nach diesem etwas ausführlicheren Schnellprogramm sollte der Stress schon erheblich geringer sein.

4. Beam me up, Scotty!

Wählen Sie einen Ort aus, der für Sie in besonderem Maße für Leichtigkeit, Lebensfreude und Gelassenheit steht. Das kann beispielsweise ein Urlaubsort sein, Ihre Lieblingswiese oder was auch immer für Sie der perfekte Platz zum Kraftauftanken ist. Wahrscheinlich können Sie mitten im Tagesgeschäft schlecht einmal kurz dorthin verschwinden. Aber Sie können diesen besonderen Ort und die Gelassenheit, die Sie dort empfinden, überallhin mitnehmen, indem Sie ihn visualisieren. Dafür stellen Sie ihn sich so bildlich vor, dass Sie ihn riechen können, spüren und hören. Beamen Sie sich in der größten Hektik gedanklich an diesen Ort, an dem Ihnen niemand etwas anhaben kann. Wenn Sie inmitten des Chaos an Ihren Ort denken, werden Sie plötzlich ruhig. Es ist ein wenig so, als würden Sie mit einem Hubschrauber über dem Durcheinander kreisen. Von dort oben lässt sich leichter erkennen, dass meist keine echte Katastrophe passiert ist, und Sie können erleichtert lächeln.

5. Muskel-Hirn-Trick

Wenn Sie in Stress kommen oder immenser Druck schon fast zu Panik führt, spannen sich dabei immer auch die Muskeln an. Viele Menschen merken gar nicht, wie verspannt sie sind. Ein entspannter Körper entspannt automatisch auch den Geist. Wenn Ihre Muskeln entspannt sind, ist es für Ihr Gehirn unmöglich, gleichzeitig angespannte Gedanken zu denken! Die Entspannung gelingt am leichtesten, wenn Sie im ersten Schritt zunächst einmal anspannen: Stellen Sie sich also für einen Moment hin, atmen Sie tief ein, winkeln Sie Ihre Ellenbogen an, ziehen Sie den Kopf so zwischen die Schultern, dass sich Ihr Hals kürzer als normal anfühlt, und spannen bitte gleichzeitig die Fäuste, die Arme, den Po und die Oberschenkel an. Pressen Sie dabei die Lippen fest aufeinander, ziehen Sie die Augenbrauen kräftig zusammen und halten Sie die Spannung und den Atem an, so lange Sie können. Zählen Sie dabei bis mindestens 10, dann lassen Sie alles gleichzeitig los und atmen dabei kräftig aus. Wiederholen Sie diese Übung noch zwei weitere Male.

6. Händedrücken

Ist Ihnen schon einmal aufgefallen, wie viele Menschen in Stresssituationen und bei Nervosität anfangen, ihre Hände zu kneten? Das ist ein unbewusster Versuch, die innere Ruhe wiederzufinden. Und es funktioniert! Einfach mit dem Daumen der rechten Hand die Mitte der linken Handinnenfläche massieren und die Übung dann mit der anderen Hand wiederholen. Sie werden schnell merken, dass Sie dabei ruhiger und entspannter werden. Funktioniert auch an den Fußsohlen.

7. Kraftquelle
Trinken Sie in Stressphasen ein großes Glas Wasser. Hetzen Sie nicht, sondern leeren Sie es, möglichst ohne abzusetzen, in langsamen und gleichmäßigen Zügen. Die gleichmäßigen Schluckbewegungen beruhigen das Gehirn im Nu. Den gleichen Effekt hat Kaugummi kauen.

8. Stirn-Achter
Streichen Sie die „Zornesfalte" zwischen den Augen mit Daumen oder Mittelfinger von der Nasenwurzel aus Richtung Stirnhaaransatz mehrfach aus. Sie können auch mit leichtem Druck eine 8 auf der Zornesfalte zeichnen. Dies löst Verkrampfungen der Stirnmuskulatur und hilft, im Kopf zu entspannen.

9. Kraftzentrum
Legen Sie zwei Finger auf das Brustbein. Dort sitzt das Kraftzentrum Thymusdrüse. Klopfen Sie 20-mal darauf, dadurch werden Wohlfühlhormone ausgeschüttet und Ihr Immunsystem gestärkt.

10. Fernsehkanal wechseln
Stellen Sie sich vor, Ihre Gefühle seien Fernsehsender. Wenn bei Ihnen mal wieder der Grollkanal läuft, stellen Sie sich mit vollem Bewusstsein vor, wie Sie den Kanal wechseln. Wählen Sie beispielsweise die Kanäle Dankbarkeit, Schönheit, Liebe und Erfolg. Empfangen Sie den Schönheitskanal, indem Sie eine schöne Landschaft oder die Gesichter froher Menschen im Alltag wahrnehmen oder eigens suchen. Den Dankbarkeitskanal erreichen Sie, indem Sie sich fragen: Wofür kann ich heute dankbar sein? Das kann eine Kleinigkeit sein wie beispielsweise, dass der Kollege Ihnen die Aufzugstür aufgehalten hat, als Sie mit den Händen voll von Akten es beinahe nicht mehr geschafft hätten, den Aufzug zu erreichen. Lassen Sie gedanklich oder bei Möglichkeit „in echt" die passende Musik dazu laufen.

Gibt es denn da kein Patentrezept?

Nein, es gibt kein Patentrezept, das für jeden in jeder Situation funktioniert. Stellen Sie sich aus dem Angebot Ihre persönlichen Favoriten zusammen. Kombinieren Sie nach Lust und Laune und experimentieren Sie mit dem, was für Sie am besten klappt. Erfinden Sie eine eigene Methode und berichten Sie mir davon.

Meine beste Freundin Michaela hat beispielsweise folgenden Bamboo-Aktivierer entwickelt: Wenn es in ihrer Ergotherapie-Praxis wirklich hoch hergeht, alles auf einmal zusammenkommt und sie das Gefühl hat, gleich ausrasten zu müssen oder am liebsten sofort ins Bett gehen zu wollen, dann macht sie Folgendes: Sie fährt an die nächste Tankstelle (Ortswechsel), kauft sich eine Dose Cola, trinkt sie auf ex und lässt dann einen gewaltigen Rülpser los, der sie sofort entspannt. Natürlich achtet sie darauf, dass sie keiner hört ...
Vielleicht funktioniert diese Methode nicht für Sie, aber für Michaela passt es ...

Epilog

„Jeder Mensch bekommt zu seiner Geburt
die Welt geschenkt. Die ganze Welt.
Und die meisten von uns haben aber noch nicht einmal
das Geschenkband berührt, geschweige denn hineingeschaut."

LEO BUSCAGLIA

Liebe Leserin, lieber Leser,
der Bamboo in Ihnen ist ein Geschenk. Und während Sie ihn bei der Arbeit mit diesem Buch Stück für Stück ausgepackt haben und dabei sich selbst noch besser kennen und lieben gelernt haben, ist er immer stärker geworden. Sie haben festgestellt, dass noch viel mehr Kraft in Ihnen steckt, als Sie dachten. Ihr Bamboo wird Sie zu mehr beflügeln, als Sie vielleicht jetzt noch glauben. Sie werden Chancen plötzlich als solche wahrnehmen. Sie werden auf faszinierende Lösungsideen kommen, für Herausforderungen, die Ihnen bisher unlösbar erschienen. Sie werden neue, aufregende Wege einschlagen, von denen Sie bis jetzt noch gar nichts wissen.

Ich weiß nicht, wie Ihr Weg aussieht und wie viele Prüfsteine vor Ihnen liegen. Ich weiß nur, dass Sie mit Ihrem Bamboo in der Lage sind, auch die größten Steine aus dem Weg zu räumen. So wie ich: An dem Tag, an dem ich mitten in der Wirtschaftskrise meinen bisherigen Job, meine Partnerschaft und alles, was bis dahin war, zurückgelassen habe und mit über 40 noch einmal ganz von vorne begann, fühlte ich mich so zuversichtlich wie schon lange nicht mehr. Diese Zuversicht blieb mir nicht durchgehend erhalten ... Aber heute kann ich sagen: Ich habe diesen Schritt nicht bereut und aus dieser Krise haben sich für mich Entwicklungen ergeben, die ich ohne sie niemals erreicht hätte!

Mit Bamboo an Ihrer Seite schaffen Sie alles! Gehen Sie Ihren Weg – es ist Ihr Leben!

Zu gerne wüsste ich, wie es Ihnen dabei ergeht. Was haben die Übungen bei Ihnen bewirkt? Wie hat sich Ihr beruflicher Alltag verändert und wie sich Ihr Miteinander mit anderen weiterentwickelt? Was hat Sie bewegt? Wovon hätten Sie gerne noch mehr?

Schreiben Sie mir Ihre Erfahrungen – ich freue mich über Ihre Rückmeldung. Vielen Dank!

mail@katharina-maehrlein.de

Ich habe einen Traum

Ich habe einen Traum. Ich träume von der Zeit, in der Menschen ganz selbstverständlich der Stimme ihrer ureigenen Werte, Bedürfnisse und Vorlieben folgen können, ohne befürchten zu müssen, deshalb als weniger leistungsbereit abgeschrieben zu werden.

Ich hoffe auf die Zeit, in der Menschen sich ausführlich Gedanken über ihr Leben machen und die Konsequenzen daraus ziehen. Eine Zeit, in der schwule oder depressive Fußballspieler sich outen können und trotzdem aufgestellt werden, und in der Frauen im Management nicht mehr den Rat bekommen, sie sollten aufs Klo gehen, bevor sie emotional werden.

Ich freue mich auf die Zeit, in der sich Menschen auch am Arbeitsplatz trauen, sich als Mensch zu zeigen. Je weniger Menschen bereit sind, sich zu verleugnen, um dem Leistungssystem gerecht zu werden, umso eher kommt die Zeit, in der Unternehmen neue Modelle entwickeln müssen.

Innere Kraft zeigt sich in dem Mut, „traumhafte" Arbeitsbedingungen einzufordern, und im optimistischen Glauben „wenn das hier nicht geht, dann mache ich eben etwas anderes". Stärke hat nichts mit Coolness und emotionaler Robustheit zu tun; auch nichts mit Angepasstheit. Ganz im Gegenteil: Ein kräftiges, von Herzen kommendes (gedachtes) „Hallo – Nicht mit mir!!!!" kann sehr zu Ihrer Resilienz und zu Ihrem Erfolg beitragen! Dann müssen Sie auch nicht bis zu einem Zusammenbruch warten, um die Umstände zu ändern. Und dann können Sie auch einfach in Ihrem Job bleiben.

Katharina Maehrlein
Fokus innere Kraft

KATHARINA MAEHRLEIN UND DIE BAMBUSSTRATEGIE® LIVE ERLEBEN

Lust auf mehr innere Kraft?

Bewegend, berührend, manchmal provozierend, immer humorvoll und echt. Die Expertin für innere Kraft stärkt als Rednerin, Mentaltrainerin und Coach Unternehmen, Führungskräfte und Teams.

Vortragsthemen
(je 45–90 Minuten)

- Die Bambusstrategie®
  Den täglichen Druck mit Resilienz meistern
- Ausdruck m(M)acht Eindruck
  Souverän durchsetzen mit der Bambusstrategie®
- Souverän durchsetzen mit der Bambusstrategie®
  Frauen Spezial

Seminare und Retreats

- 7 Tage Winter-Retreat auf La Gomera
- 5 Tage Herbst-Retreat auf Mallorca
- 3 Tage Sommer-Retreat in Deutschland
- 1 Tag Bambusstrategie® Workshop intensiv
- Inhouse-Seminare maßgeschneidert auf Ihre Ziele

www.katharina-maehrlein.de
www.bambusstrategie-auszeit.de

Nur Mut! Ich hab genug Kraft für uns alle – ich hol uns hier raus!

Literatur

Bilinski, Wolfgang: *Phönix aus der Asche. Resilienz – wie erfolgreiche Menschen Krisen für sich nutzen.* München: Rudolf Haufe, 2010

Cornell, Ann Weiser: *Focusing – Der Stimme des Körpers folgen. Anleitungen und Übungen zur Selbsterfahrung.* Reinbek bei Hamburg: rororo, 1997

Csikszentmihalyi, Mihaly: *Flow. Das Geheimnis des Glücks.* Stuttgart: Klett-Cotta, 1992

Cyrulnik, Boris: *Mit Leib und Seele. Wie wir Krisen bewältigen.* Hamburg: Hoffmann und Campe, 2007

Endriss, Lilo: *Steh auf Mensch! Über den kreativen Umgang mit Krisen und Misserfolg – Das Praxishandbuch.* Wien: Gezeiten Verlag & Kommunikation, 2008

Engelbrecht, Sigrid: *Krisenfest leben. 8 Starkmacher für Ihr seelisches Immunsystem.* Freiburg im Breisgau: Kreuz, 2010

Feldenkrais, Moshe: *Bewusstheit durch Bewegung. Der aufrechte Gang.* Frankfurt am Main: Suhrkamp, 1978

Feldenkrais, Moshe: *Das starke Selbst. Anleitung zur Spontaneität.* Frankfurt am Main: Insel, 1989

Frankl, Viktor E.: ... trotzdem Ja zum Leben sagen. Ein Psychologe erlebt das Konzentrationslager. München: Kösel, 1977

Fuchs, Helmut / Gratzel, Dirk C.: Launologie – Mit neuem Schwung durchs Leben. Gut gelaunt gewinnt! München: Heyne, 2007

Gronwald, Silke: Ich fang noch mal ganz anders an! Aus der Krise in ein neues Leben – 12 Geschichten, die zeigen, dass es geht. München: Irisiana, 2010

Gross, Stefan F: Die Kunst der Leichtigkeit. Die 15 wichtigsten Lebenskunst-Strategien für mehr Erfolg und Lebensqualität. München: Redline Wirtschaft, 2007

Gruhl, Monika: Das Geheimnis starker Menschen. Mit Resilienz aus der Überforderungsfalle. Freiburg im Breisgau: Kreuz, 2011

Grundl, Boris: Steh auf! Bekenntnisse eines Optimisten. Berlin: Econ, 2008

Klein, Stefan: Die Glücksformel. Oder wie die guten Gefühle entstehen. Reinbek bei Hamburg: rororo, 2002

Lasko, Wolf W.: Personal-Power. Mut zum Handeln – Wie Sie bekommen, was Sie wollen. Wiesbaden: Gabler, 1998

Lehner, Johannes M. / Ötsch, Walter O.: Jenseits der Hierarchie. Status im beruflichen Alltag aktiv gestalten. Weinheim: Wiley-VCH-Verlag, 2006

LoVerde, Mary: Wege aus der Stressfalle. Beziehungen zu Familie, Freunden und Partnern retten Sie vor dem Alltagschaos. Landsberg am Lech: mvg, 2001

Lyubomirsky, Sonja: Glücklich sein. Warum Sie es in der Hand haben, zufrieden zu leben. Frankfurt am Main / New York: Campus, 2008

Märtin, Doris: *Mich wirft so schnell nichts um. Wie Sie Krisen meistern und warum Scheitern kein Fehler ist*. Frankfurt am Main / New York: Campus, 2010

Martin, Richard / Schuster, Ottilia: *Survivalstrategien für Beruf und Alltag. Überleben im Veränderungsdschungel*. Weinheim u. a.: Beltz, 2005

Mary, Michael: *Das Leben lässt fragen, wo Du bleibst. Wer etwas ändern will, braucht ein Problem*. Bergisch Gladbach: Lübbe 2005

Moestl, Bernhard: *Shaolin – Du musst nicht kämpfen, um zu siegen. Mit der Kraft des Denkens zu Ruhe, Klarheit und innerer Stärke*. München: Knaur, 2008

Rampe, Micheline: *Der R-Faktor. Das Geheimnis unserer inneren Stärke*. Frankfurt am Main: Eichborn, 2004

Reddemann, Luise: *Eine Reise von 1000 Meilen beginnt mit dem ersten Schritt. Seelische Kräfte entwickeln und fördern*. Freiburg im Breisgau / Basel / Wien: Herder (Orig.-Ausgabe) 2004

Reivich, Karen / Shatté, Andrew: *The Resilience Factor. 7 Keys to Finding Your Inner Strength and Overcoming Life's Hurdles*. New York: Broadway Books, 2002

Renn, Klaus: *Dein Körper sagt Dir, wer Du werden kannst. Focusing – Weg der inneren Achtsamkeit*. Freiburg im Breisgau / Basel / Wien: Herder, 2006

Salzer, Alicia: *Zurück ins Leben. Durch schmerzhafte Erlebnisse und Krisen wachsen – Ein Selbstheilungsprogramm*. München: Arkana, 2011

Scheuermann, Ulrike: *Das Leben wartet nicht. 7 Schritte zum Wesentlichen*. München: Knaur, 2011

Schmitt, Tom / Esser, Michael: *Status-Spiele: Wie ich in jeder Situation die Oberhand behalte*. Frankfurt am Main: Scherz, 2009

Schröder, Jörg-Peter: *Scheitern als Chance. Selbsttraining für den erfolgreichen Neuanfang*. Berlin: Cornelsen, 2010

Seligman, Martin E. P.: *Der Glücksfaktor. Warum Optimisten länger leben*. Bergisch-Gladbach: Ehrenwirth, 2003

Short, Dan / Weinspach, Claudia: *Hoffnung und Resilienz. Therapeutische Strategien von Milton H. Erickson*. Heidelberg: Carl-Auer, 2007

Siegel, Daniel J.: *Das achtsame Gehirn*. Freiamt im Schwarzwald: Arbor-Verlag, korr. Neuauflage 2007

Siegrist, Ulrich / Luitjens, Martin: *30 Minuten Resilienz*. Offenbach: GABAL, 2011

Späth, Thomas / Bao, Shi Yan: Shaolin. *Das Geheimnis der inneren Stärke*. München: Gräfe und Unzer, 2011

Stevens, John O.: *Die Kunst der Wahrnehmung. Übungen der Gestalttherapie*. München: Kaiser, 1975

Storch, Maja / Cantieni, Benita / Hüther, Gerald / Tschacher, Wolfgang: *Embodiment. Die Wechselwirkung von Körper und Psyche verstehen und nutzen*. Bern: Huber, 2. erweiterte Aufl. 2010

von Münchhausen, Marco: *Wo die Seele auftankt. Die besten Möglichkeiten, Ihre Ressourcen zu aktivieren*. Frankfurt am Main / New York: Campus, 2004

Wellensiek, Sylvia Kéré: *Handbuch Resilienz-Training: Widerstandskraft und Flexibilität für Unternehmen und Mitarbeiter. Nach der Methode H.B.T. Human Balance Training*. Weinheim u. a.: Beltz, 2011

Welter-Enderlin, Rosmarie: *Resilienz und Krisenkompetenz. Kommentierte Fallgeschichten.* Heidelberg: Carl-Auer, 2010

Welter-Enderlin, Rosmarie / Hildenbrand, Bruno (Hrsg.): *Resilienz: Gedeihen trotz widriger Umstände.* Heidelberg: Carl-Auer, 2006

Zeitschriften:

Geo Wissen Nr. 47: *Glück, Zufriedenheit, Souveränität.* Hrsg. v. Michael Schaper, Hamburg: Gruner+Jahr, 2011

Geo Wissen Nr. 48: *Was die Seele stark macht. Hilfe bei Burnout, Ängsten, Depressionen.* Hrsg v. Michael Schaper, Hamburg: Gruner+Jahr, 2011

Die Autorin

Katharina Maehrlein hat nach ihrer Ausbildung zur Ergotherapeutin, dem Studium der Psychologie, Soziologie und Publizistik und ihrem Masterstudiengang mit Abschluss Master of Science im systemisch-analytischen Coaching in den letzten 15 Jahren über 10.000 Menschen trainiert und gecoacht.

Die in Wiesbaden lebende Expertin für innere Kraft ist Autorin von zahlreichen Fachartikeln in Print- und Onlinemedien. Sie begeistert ihr Publikum mit humorvoll-erkenntnisreichen Impulsvorträgen, Seminaren und Coachings, bei denen sie wissenschaftlich untermauerte Erkenntnisse aus der Hirnforschung und der Psychologie mit ihrer persönlichen Philosophie verbindet. Sie ist Lehrtrainerin für Neurolinguistisches Programmieren, hat zahlreiche Zertifizierungen zur Anwendung wissenschaftlich abgesicherter und international anerkannter Persönlichkeitsmodelle und hat darüber hinaus mehrere eigene wirkungsvolle Instrumente zur Stärkung der Persönlichkeit entwickelt. (ChiPS®, Status-Signal-System, die Bambusstrategie®). An der Hochschule Rhein-Main lehrt sie im Fachbereich International Business Administration das Fach Personalmanagement.

2011 hat sie das iPhone App „Souverän Durchsetzen" herausgebracht, das bis heute zu den meistgekauften Trainer-Apps im deutschsprachigen Raum gehört. Katharina Maehrlein ist Gründerin der Initiative „Stark wie Bambus", die sich für die Prävention von psychischen Erkrankungen am Arbeitsplatz einsetzt.

www.katharina-maehrlein.de
www.stark-wie-bambus.de

Buchungsanfragen für Vorträge und Seminare in Deutschland, Österreich und der Schweiz auf
www.5-sterne-redner.de

Business-Bücher für Erfolg und Karriere — GABAL

Jörg Middendorf
Selbstcoaching in Konflikten
ISBN 978-3-86936-342-4
€ 17,90 (D) / € 18,50 (A)

Bernhard Bauhofer, Michael Neubert
Wie gut ist mein Ruf?
ISBN 978-3-86936-340-0
€ 19,90 (D) / € 20,50 (A)

Chris Brügger, Michael Hartschen, Jiri Scherer
Simplicity.
ISBN 978-3-86936-245-8
€ 19,90 (D) / € 20,50 (A)

Lars Schäfer
Emotionales Verkaufen
ISBN 978-3-86936-339-4
€ 17,90 (D) / € 18,50 (A)

Johannes Stärk
Assessment-Center erfolgreich bestehen
ISBN 978-3-86936-184-0
€ 29,90 (D) / € 30,80 (A)

Johannes Stärk
Erfolgreich im Vorstellungsgespräch und Jobinterview
ISBN 978-3-86936-440-7
€ 19,90 (D) / € 20,50 (A)

Patric P. Kutscher
Stimmtraining
ISBN 978-3-86936-247-2
€ 17,90 (D) / € 18,50 (A)

Thomas Lurz, Jasmin M. Fargel
Auf der Erfolgswelle schwimmen
ISBN 978-3-86936-439-1
€ 19,90 (D) / € 20,50 (A)

Gitte Härter
Nerv nicht!
ISBN 978-3-86936-064-5
€ 17,90 (D) / € 18,50 (A)

Brigitte Seibold
Visualisieren leicht gemacht
ISBN 978-3-86936-341-7
€ 19,90 (D) / € 20,50 (A)

Josef W. Seifert
Visualisieren Präsentieren Moderieren
ISBN 978-3-86936-240-3
€ 19,90 (D) / € 20,50 (A)

Katja Kerschgens
Reden straffen statt Zuhörer strafen
ISBN 978-3-86936-187-1
€ 19,90 (D) / € 20,50 (A)

Weitere Informationen finden Sie unter www.gabal-verlag.de

ANZEIGE

Hier finden Sie Gleichgesinnte ...

... weil sie sich für persönliches Wachstum interessieren, für lebenslanges Lernen und den Erfahrungsaustausch zum Thema Weiterbildung.

... und Andersdenkende,

weil sie aus unterschiedlichen Positionen kommen, unterschiedliche Lebenserfahrung mitbringen, mit unterschiedlichen Methoden arbeiten und in unterschiedlichen Unternehmenswelten zu Hause sind.

Das nehmen Sie mit:

- Präsentation auf wichtigen Personal-Messen zu Sonderkonditionen sowie auf den GABAL-Plattformen (GABAL impulse, eLetter und auf www.gabal.de)
- Teilnahme an Regionalgruppenveranstaltungen, Werkstattgruppen und Kompetenzteams
- Sonderkonditionen beim Symposium und Veranstaltungen unserer Partnerverbände
- Gratis-Abo der Fachzeitschrift wirtschaft + weiterbildung
- Gratis-Abo der Mitgliederzeitschrift GABAL impulse
- Vergünstigungen bei zahlreichen Kooperationspartnern
- u.v.m.

Auf unseren Regionalgruppentreffen und Symposien entsteht daraus ein lebendiger Austausch, denn wir entwickeln gemeinsam neue Ideen.
Zudem pflegen wir intensiven Kontakt zu namhaften Hochschulen, so erhalten wir vom Nachwuchs spannende Impulse, die in die eigene Praxis eingebracht werden können.

Neugierig geworden? Informieren Sie sich am besten gleich unter:

www.gabal.de
E-Mail: info@gabal.de
oder
Tel.: 0 6132 - 50 95 09 0